Walter Bauer
Wäscha-kwonnesin: Der weiße Indianer

W0245599

Du bist ermüdet von Jahren der Zivilisation? – Sieh, ich komme und biete dir etwas an – ein einfaches grünes Blatt.

Wäscha-kwonnesin

Walter Bauer

Wäscha-kwonnesin
Der weiße Indianer

Die Geschichte eines abenteuerlichen Lebens

Lamuv Taschenbuch 186

Bitte fordern Sie unser kostenloses Gesamtverzeichnis an:
Lamuv Verlag, Postfach 26 05, D-37016 Göttingen

Gedruckt auf 100 RC Book Paper
aus bedrucktem Altpapier
Steinbeis Temming Papier GmbH, Glückstadt

1. Auflage 1995

Lamuv Verlag GmbH, D-37073 Göttingen 1995
© Copyright 1960 by Verlag Ullstein GmbH, Frankfurt/M. – Berlin
Umschlaggestaltung: Gerhard Steidl
unter Verwendung eines Fotos des Canadian Government Travel
Bureau, Ottawa/Kanada
Gesamtherstellung: Steidl, Göttingen
Printed in Germany
ISBN 3-88977-426-1

Inhalt

SCHATTEN AUF EINEM BILD

Im September 1935 fuhr ein Mann von Kanada nach England, um dort, von seinem Verleger in London eingeladen, Vorträge zu halten. Er hatte im Laufe der letzten Jahre vier ungewöhnliche und außerordentlich erfolgreiche Bücher geschrieben, unter Umständen, die zu allem anderen als zum Schreiben einluden, und Tausende ihrer Leser in London, Birmingham, Devon und an vielen Orten in England sahen nun den Verfasser dieser Bücher wie eine persönliche Bestätigung dessen, was er geschrieben, getan und erlebt hatte. Andere, die seine Bücher noch nicht kannten, sahen und hörten etwas Unvergeßliches.

Die Reise war sehr lang. Er mußte, um nach England zu kommen, Beaver Lodge, eine Blockhütte im kanadischen Westen in der Einsamkeit des Prinz-Albert-Nationalparks, verlassen und über den riesigen Kontinent und das Meer fahren. Zögernd ging er. Er hatte sich von der Welt, in der er lebte, nur ungern getrennt, aber er war gekommen, um von den Dingen zu sprechen, die ihm am Herzen lagen.

Immer aufs neue wiederholte sich nun nach dem ersten erfolgreichen Vortrag im Londoner Polytechnikum der Augenblick, mit dem Ferne und Abenteuer selber in den Raum eintraten. Wenn der Vorsitzende des Vereins, der Leiter einer Schule oder der Veranstalter die einführenden Worte gesprochen hatte, betrat der Vortragende die Bühne oder stellte sich vor die Zuhörerschaft und begann zu sprechen; seine Stimme war tief und voll. Er war ein hochgewachsener, sehniger Mann von etwa fünfundvierzig Jahren, tiefbraun und scharfgeschnitten sein ruhiges Gesicht. Er trug Jacke und Hose aus Buckskin, mit langen Fransen besetzt, Mokassins, Wollhemd und farbigen Gürtel, wie sie in Kanada von den Niederlassungen der Hudson Bay Company verkauft werden. Sein langes schwarzes Haar war straff in zwei Zöpfe geflochten, die links und rechts herabhingen. Er war ein Indianer – Wäscha-kwonnesin, »der Vogel, der nachts wandert«, Grey Owl auf englisch – »Graue Eule«. So hatte ihn der Veranstalter eingeführt; so schrieben die Zeitungen von ihm; und das war der Name des Verfassers jener ungewöhnlichen Bücher, in denen sich ein noch erstaunlicheres Leben enthüllte.

Die englischen Zuhörer, die ihn mit einem Gemisch von Neugier und Bewunderung ansahen, bemerkten, daß seine Augen blau waren, und die wenigen, die Indianer genauer kannten, mußten feststellen, daß seine Züge denen eines Indianers fast vollkommen glichen, doch nur fast; er war ein Halbblut. Als Halbblut, Sohn eines Schotten MacNeil und eines Apachenmädchens, hatte er selber sich bezeichnet, wenn er seine Herkunft selten und flüchtig erwähnte. Seine Mutter hatte er, wie er sagte, nicht gekannt; von Kindheit und Jugend hatte er nie gesprochen, als hätte sein Leben das nicht besessen. Aber ein Halbblut war er. Noch in einem seiner Briefe an Lovat Dickson im Juli 1935, in dem er von der Reise nach England und ihrer Bedeutung sprach und sich Sorgen über Gelingen oder Mißverständnisse machte, hatte er geschrieben: »Stellen Sie mich nicht als Vollblutindianer vor; man soll wissen, daß ich ein Halbblut bin. Ich bin dem Indianer nach Bau, Gang, Mentalität und in hohem Maße auch im Gesichtsschnitt ähnlich, aber meine Hautfarbe ist nicht dunkel, sie ist eher helle Bronze. Ich bin blauäugig, mein schwarzes Haar trage ich geflochten.« In einer Nachschrift fügte er hinzu: »Um Widersprüche und Verwirrung zu vermeiden, wäre es besser, wenn man nicht auf ›typisch‹ Schotte oder Apache hinweisen würde. Ich bin ein Halbbluttrapper und den Ojibway-Indianern näher als irgendeinem anderen Volk. Ich möchte, daß die Ojibways von dem Ansehen, das mir zufallen mag, ihren Teil bekommen. Ich gehöre zu ihnen. Sie lehrten mich viel.«

Wäscha-kwonnesin, Grey Owl: so stand er vor seinen Zuhörern, in indianischer Kleidung, die Feder im Haar, und sie sahen den Mann, der »Männer der letzten Grenze« (The Men of the last Frontier), »Kleiner Bruder« (Pilgrims of the Wild), »Das einsame Blockhaus« (Tales of an empty Cabin) und »Sajo und ihre Biber« (Sajo and her Beaver People), ein Buch für die Kinder aller Welt, geschrieben hatte. In diesen Büchern war die Geschichte seines Lebens aufgezeichnet, zwar nicht die ganze und nicht bis zu seinen Anfängen, doch Stücke aus jenen Jahren, die für ihn Jahre vollen Lebens und der Vorbereitung auf seine Aufgabe und später Jahre unbelohnter und dann belohnter Arbeit geworden waren. Sie waren Teile einer Biographie, die zum größten Teil außerhalb der Zeit und ihrer Ereignisse in den Wäldern von Kanada, im nördlichen Ontario und im nordöstlichen Quebec, gelebt worden war und nun in einem entlegenen Naturschutzpark ihren Ruhepunkt gefunden hatte. Diese Biographie oder ihre Fragmente und was immer er von seinem Leben aufgeschrieben hatte, war tief eingebettet in das Leben der Wälder, Seen und Flüsse zu allen Zeiten des Jahres, das Leben der Tiere in den Wäldern, die er jahrelang als Trapper gejagt und gefangen hatte, um wie viele andere von Fang und Jagd zu leben. Dann war er langsam, unauffällig und ihm zuerst selber kaum bewußt, vom Töten fortgeführt worden zum Schützen und Erhalten; aus dem Jäger war ein Hüter geworden. Die große Natur des Nordens, die ihm Reichtum und Gefahr eines Lebens am Grunde, Freundschaft, Gefährtenschaft und Liebe selber schenkte, hatte ihm schließlich Bleistift und Feder in die Hand gedrückt, um ihm zu sagen: Schreib – ohne daß er wußte, wie man das machte; und wenn nicht bestimmte Ereignisse eingetreten wären, wäre ihm der Gedanke, zu schreiben, vielleicht nie gekommen.

Er war kein Schriftsteller, trotz seiner Bücher. Er war ein Mann aus den Wäldern, auch jetzt noch, als das grelle Licht der Öffentlichkeit ihn absuchte und der Beifall der Vortragssäle ihn belohnte. Die Erzählungen von Ernest Thompson Seton, mit denen gegen Ende des 19. Jahrhunderts die moderne Tiergeschichte begonnen hatte, mochten farbiger und spannender sein. Die Dschungelbücher von Kipling und seine indischen Erzählungen gehörten zur Literatur. Grey Owl hielt seine Bücher nicht für Literatur, doch für Zeugnisse erfahrenen Lebens, Aufzeichnungen der Wahrheit, seiner Wahrheit. An einem Tisch, der von ihm selbst gezimmert worden war, und beim Schein einer Kerze oder einer Petroleumlampe hatte er geschrieben, in der tiefen Stille einer Blockhütte in Quebec und dann in der Entlegenheit von Beaver Lodge, dem Haus der Biber, am Ajawaan-See im Prinz-Albert-Nationalpark.

Von seinen Büchern durfte er sagen, was er zu Beginn seiner Vorträge sagte: »Ich werde Ihnen erzählen, was wahr ist.« Die Stimme, die aus ihnen kam, klang frisch, unverstellt und voll. Sie enthielt den herben, freien Atem der Wildnis, und diesen Atem brachte er jetzt Tausenden, Erwachsenen, jungen Menschen, Kindern. Was er wußte, war durch eigene Erfahrung gewonnen worden, die ihm, als er schrieb, nicht erlaubte, Tiere und ihre Lebensläufe zu vermenschlichen, wie Seton und seine Nachfolger es getan hatten. Wenn er in seinen Büchern und Vorträgen von sich selber sprach, dann nicht, weil er sich für bedeutend hielt, sondern weil er zu einem Teil der Wälder geworden war, auch er, wie die Flüsse, Seen, die Tiere und vor allem die Biber, ihr Gefährte, ein Bruder der Wildnis, ein Freund der Welt jenseits der Zivilisation, die er nur zu gut kannte, und nun ihre Stimme und ihr Fürsprecher.

Er hatte als Jäger begonnen und war auf einem langen Wege zu der Weisheit gekommen, daß Erhalten besser ist als Ausrotten. Er hatte von den Wäldern gelebt, und nun lebte er für sie und alles, was in ihnen war. Das letzte Stück in dem Buch »Das einsame Blockhaus« hieß »von der Duldsamkeit«. Dort hatte er geschrieben:

»Je länger ein Mensch in den Wäldern lebt, um so mehr wächst seine Achtung und Liebe für die vielgestaltigen Lebensformen der unberührten Natur. Zuletzt fällt es ihm sogar schwer, den Tod zu bringen, und wenn es sein *muß,* dann nimmt er ein Leben nicht ohne ein gewisses Schuldgefühl, nicht ohne eine unausgesprochene Bitte um Vergebung. So natürlich und zwingend wird das Verlangen, gutzumachen, daß alte Indianer eine besondere Kulthandlung vornehmen, namentlich wenn es sich um ein höher entwickeltes Tier handelt.

Vor vielen Jahren kam auch ich zu dieser Erkenntnis. Sie ergriff langsam, aber so sicher Besitz von meinem Denken, daß ich in ihr heute das natürliche Ergebnis eines Lebens sehe, das zuviel zerstört und zuwenig aufgebaut hat. Damit stehe ich nicht allein; denn ich weiß, von den vielen, durch ähnliche Erfahrungen hindurchgegangenen Menschen sind nur die Gleichgültigen, die

seelisch Trägen, die Hochmütigen und die Selbstsüchti-
gen ganz unbeeinflußt geblieben.

Nie wird ein Mann ein echter Wäldler im feineren Sinn
werden, wenn er nicht so tief in die Wildnis eingedrungen ist, daß er sich ihr verwandt und verantwortlich
fühlt.«

Toleranz war reife Weisheit. Er hatte sie nicht geschenkt bekommen, er hatte sie in langen Jahren erwor-
ben, die eher zu Menschenfeindlichkeit hätten führen
können denn zu Freundschaft, Wohlwollen, Freundlichkeit. Toleranz fand man durch Verwirrung und Schuld
und auch danach nur, wenn man wollte. Doch, so hatte er
an Lovat Dickson geschrieben, der ihm Berater und Ver-
trauter geworden war, ehe er ihn zum erstenmal in England sah, »ich möchte nicht für einen sanftherzigen Mis-
sionar oder einen Evangelisten der Tiere gehalten werden, sondern für einen Mann des Handelns, der eine Geschichte zu erzählen hat, und zugleich auch für jemanden, der die Wildnis und ihre Bewohner versteht und genau kennt. – Abenteuer, Komödie, Tragödie werden
lebendig werden, wenn ich Manns genug bin, sie lebendig zu machen. Ich werde nicht lamentieren oder predi-
gen oder sentimentales Zeug austeilen, aber ich werde
auch keine Gelegenheit versäumen, die Teilnahme der
Zuhörer zu wecken. Sie möchten vom romantischen Norden hören; ich werde ihnen Romantik geben – das Volk
der Biber, den Indianer, den Norden, herb, wild und großartig. Sie müssen mein Bibervolk lieben, wenn ich ihnen
davon erzähle. Aber meine Bitte darf nicht zu aufdring-
lich oder aufgezwungen sein. Die Öffentlichkeit hat es lieber, glaube ich, wenn sie ihre eigenen Schlüsse zieht.«

Er gab seinen Zuhörern die wilde Romantik des kanadischen Nordens. Er sprach von dem fernen Lande, groß

wie ein Kontinent, aus dem er gekommen war und dessen Name selber einsam und fern klang, scharf und fern wie der Schrei der Wildgänse, die er so oft im Herbst klirrend nach Süden fliegen hörte und im Frühling zurückkommen sah. Er sprach von Wäldern und Tieren, von seinen Freunden, den Trappern, von seinen Blutsbrüdern, den Indianern, die das mächtige Land einst besessen und dann verloren hatten und die in tiefem Zusammenhang mit der Natur gelebt und gejagt hatten, um auf dem Pfade des Sonnenunterganges ihre Jagd- und Wäldererde zu verlassen, stolz und ruhig wie jener, der, Teil der Erde, sich auf der Erde geborgen weiß. Doch über dieser Welt lag ein Schatten, und der Schatten wuchs; er hieß Fortschritt. Neue Siedlungen schoben sich in den Norden vor, neue Minen wurden erschlossen, neue Straßen und Brükken wurden gebaut, die Zeit drang in die Wälder ein, und Zeit hieß Veränderung, hieß: Ende der alten Dinge. Die Grenze der Wildnis wurde zurückgeschoben. Vieles, was er gesehen und erfahren hatte, gehörte schon der Vergangenheit an.

Wie ein Abgesandter der Wälder und alles dessen, was in ihnen war, stand er vor seinen Zuhörern, Wäscha-kwonnesin, Grey Owl, ein Halbblut und Blutsbruder der Ojibways. Tief und voll klang seine Stimme, sie brachte Abenteuer und die schwarzen Wolkenwände von Waldbränden, die Morgenfrische von Flüssen und Seen, Schweiß und Lachen des einsamen Jägers, Erschöpfung und Tod, den Tanz der Nordlichter wie das Wogen von stummen Geistern, das Flammen der Wälder in der unvergleichlichen Zeit des Indian Summer, die Stille des Winters. Sie brachte den Elch, den Bären, den Luchs und vor allem die Biber, denn er war ihr Freund geworden, ihr Schützer und Fürsprecher. Ihnen, die Burgen und Dämme bauten,

Flüsse regulierten und die Wildnis belebten, verdankte er, daß er hier stand. Die Zuhörer kannten die Geschichte; sie stand in seinen Büchern, am schönsten in dem Band »Kleiner Bruder«, der zugleich eine Erzählung von Gefährtenschaft und Liebe war. Waren es nicht die Biber wie Botschafter der mächtigen und gefährdeten Wildnis gewesen, die ihm in der Blockhütte von Quebec zugeflüstert hatten: Sprich für uns ...? Jetzt sprach er zu Tausenden von ihnen und von den Zeiten der Wildnis, und die Zeit der Welt, eine Zeit der Erschütterungen, Katastrophen, voll von Schatten kommenden Unheils – es war 1935 –, diese Zeit zerfiel für einen Augenblick vor seinen Zuhörern.

Im September 1935 war Grey Owl in London angekommen; im Februar 1936 fuhr er nach Kanada zurück. Die Vortragsreise war ein riesiger Erfolg gewesen, und der Erfolg wiederholte sich, als er im Herbst und Winter 1937 noch einmal nach England reiste, um in drei Monaten über hundert Vorträge zu halten. Der Höhepunkt dieser zweiten Reise war eine Einladung in den Buckingham-Palast, wo er vor der königlichen Familie und einem auserlesenen Kreis sprach. Nach der Rückkehr nach Kanada reiste er drei Monate lang durch die Vereinigten Staaten, und schließlich sprach er in dem Land, das ihm alles gegeben hatte. In Toronto war Massey Hall, der größte Versammlungssaal, gefüllt, und der Beifall von Tausenden dankte ihm. Ende März 1938 kehrte er nach Beaver Lodge in der Entlegenheit des Prinz-Albert-Nationalparks zurück. Ein paar Tage später wurde er krank; man brachte ihn in das Krankenhaus von Prince Albert. Am 13. April morgens starb er, fünfzig Jahre alt. Nicht weit von Beaver Lodge wurde er begraben, nahe dem Ajawaan-See und dem Wald. Der Schnee lag noch tief, und der See war vereist, aber in der Luft war schon die strenge Frische des kanadischen Frühlings.

Der Ruf der »Grauen Eule« war verstummt. »Der Vogel, der nachts wandert«, war lange unbekannt geflogen; aus den Wäldern war er ins Licht gestiegen, und in die Wälder war er zurückgekehrt. Grey Owl hatte seine Arbeit getan, und seine Bücher waren ihre Zeugnisse. Nachrufe in vielen Zeitungen rühmten ihn.

Doch am Tage seines Todes zersplitterte die Stille, und als er begraben wurde, war sein Name in Fetzen gezerrt. Eine Tageszeitung in Toronto veröffentlichte einen Aufsatz, in dem Grey Owls indianische Herkunft bestritten wurde. Nicht einmal das Halbblut wurde ihm gelassen; von dem Sohn des Schotten MacNeil und eines Apachenmädchens aus dem Stamme der Jacarillas blieb nichts übrig. Er sei, erklärte die Zeitung, ein Engländer gewesen, der irgendwann nach Kanada gekommen sei und sich in die Rolle eines Indianers hineingelebt habe. Andere Zeitungen in Kanada und England nahmen die Spur auf; aus Verdächtigungen wurden Tatsachen. Was immer er als Grey Owl getan und geschrieben hatte, war vergessen, der Zauber, der über »Sajo und ihre Biber« lag, war zersplittert, die frische Wahrheit seiner Schilderungen vergiftet. Er war ein Betrüger, ein Aufschneider, ein Schwindler von phantastischem Ausmaß gewesen. Sein wirklicher Name war Archibald Belaney gewesen. Menschen, die ihm zugetan waren, hatte er angeführt. In England, den Vereinigten Staaten, Kanada hatte er vor Tausenden in der Kleidung eines Indianers gestanden, die ihm nicht zukam. Es gab Leute, die ihn als jungen Menschen gekannt hatten und sich daran erinnerten, daß er mit englischem Akzent gesprochen hatte, der in Kanada sofort auffiel. Man kannte nun auch den Ort, in dem er seine Kindheit verbracht hatte, Hastings an der englischen Kanalküste. Man fand heraus, daß er von zwei Tanten erzogen worden war und in ihrem Hause gelebt hatte, bis er als Halbwüchsiger nach Kanada gegangen war. Jahrelang hatten sie von ihm nichts mehr gehört. Dann hatten sie ihn während des Ersten Weltkrieges, 1917, in einem englischen Lazarett besucht, und er war dann einige Zeit in ihrem Haus gewesen. Er hatte ein englisches Mädchen geheiratet und war dann allein nach Kanada zurückgegangen. Alles das gab Schlagzeilen. Journalisten spürten Menschen in Kanada auf, die ihn gekannt hatten, und veröffentlichten ihre Zeugnisse, Trapper, die seine Freunde gewesen waren, Kaufleute, bei denen er Pelze eingetauscht hatte. Sie alle erklärten, daß er ein vorzüglicher Jäger, ein erfahrener Waldläufer, ein zuverlässiger Führer und einer der besten Männer gewesen sei, die jemals in den Wäldern von Ontario gelebt hatten. Er war ein Kamerad und Freund gewesen wie wenige, und das hieß dort, wo das Leben eine einzige einsame Anstrengung war, mehr als in den Städten.

Diese Zeugnisse entkräfteten nicht die Tatsache, daß er ein Engländer aus Hastings gewesen war. Hatte er sie alle betrogen? Hatte er seine Rolle so vorzüglich gespielt, daß sie alle sich hatten täuschen lassen? Hatte er noch die betrogen, die er liebte und die ihn als einen Blutsbruder angenommen hatten, die Ojibways, die ihn in einem Augenblick der Erschöpfung und Verzweiflung in der Stille ihres Lagers bargen und für die er Wäscha-kwonnesin geworden war, als der er seine Bücher schrieb und seine Vorträge hielt?

Seine Freunde waren bestürzt und verwirrt. Was sollten sie antworten, um den Toten zu verteidigen? Aber sie konnten nur mit dem antworten, was sie von Grey Owl selber wußten. Hatte er sie zum besten gehalten, Hugh Eayrs, der seine Bücher im kanadischen Verlag MacMillan betreute, Lovat Dickson, den jungen englischen Verleger, der ihm in den erschöpfenden Monaten der Reisen in England Freund geworden war, Major Wood, den Leiter des Prinz-Albert-Nationalparks, und alle jene, die ihm nahegestanden hatten?

Die Zeitungen brachten Neuigkeiten und Nachrichten. Nach dem, was hinter ihren Entdeckungen lag, fragten sie nicht. Dann war für sie das Thema erschöpft: eine weitere faszinierende Geschichte von einem Mann, der etwas sein wollte, was er nicht war; es war nicht die erste Geschichte dieser Art. Aber für seine Freunde lag ein Schatten auf seinem Leben. Die Zeitungen hatten nicht alles gesagt, irgendwo mußte die Bestätigung für Grey Owls Erklärung, er sei ein Halbblut, gefunden werden. Es mußte Geheimnisse in diesem Leben geben, die, wenn man sie fand, alle Verdächtigungen auflösen würden.

Es war Lovat Dickson, der für Grey Owls Freunde und für sich selber eine lange und mühevolle Reise in die Vergangenheit des Mannes antrat, den er als aufrichtig, männlich und offen gekannt hatte. Wie Grey Owl gelebt und was er getan hatte, wußte er so gut wie die anderen. Dieser Mann war kein Schwärmer gewesen, die kanadische Regierung hatte ihm den Wert seiner Arbeit bestätigt, und noch vor seinem Tod hatten mehrere kanadische Provinzen Gesetze zum Schutz der Biber und Schonzeiten eingeführt, die auf Grey Owls Anregungen zurückgingen.

Dickson hatte ihn in den letzten Jahren seines Lebens gekannt wie kaum ein anderer. Während der englischen Vortragsreisen hatte er nächtelang mit ihm zusammengesessen, und Grey Owl hatte ihm viel erzählt. Er hatte

Grey Owls Herzlichkeit und Ruhe, den gelassenen Humor des Mannes aus den Wäldern kennengelernt. Er besaß Briefe von ihm, aus denen die Stimme eines Mannes kam, der sich weder erhöhte noch erniedrigte und meinte, was er sagte. Er wollte ihn retten.

Er suchte die beiden Damen in Hastings auf, die sich als Grey Owls Tanten bezeichnet hatten. Er erfuhr, was er schon wußte und mehr, da er als Freund des Toten kam. Grey Owl war Archibald Belaney gewesen, und sie hatten ihn erzogen. Er trat in seine Kindheit ein und sah Dokumente, Fotografien, Erinnerungen. Er las eine Postkarte, auf der stand: »Habe Archie fortgebracht. Schiff fuhr vier Uhr nachmittags ab.« Ada, die eine von Archibald Belaneys Tanten, hatte sie ihrer Schwester Carrie geschrieben, als sie den Neffen nach Liverpool begleitet hatte; am 31. März 1905 hatte er auf dem Dampfer »Dominion« England verlassen. Sie zeigten Dickson eine andere Postkarte, die Archie aus Kanada geschrieben hatte; dann hatte er von sich nichts mehr hören lassen, bis er 1917 wieder für kurze Zeit in ihr Leben trat.

Dickson sah das Geburtsregister in Hastings ein und fand im September 1888 die Eintragung seiner Geburt; als Mädchenname der Mutter war Kitty Morris eingetragen. Behutsam fragte er nach dem Vater des Kindes. Die Geschichte von George Belaney war eine Geschichte von glückloser Unruhe, die in Amerika erlosch. Dickson fuhr später nach den Vereinigten Staaten, um den Ort zu sehen, wo George Belaney gelebt hatte, und um vielleicht noch Zeugen zu finden. Der Ort, Bridgeport in Florida, bestand nicht mehr, aber er spürte einen alten Neger, Julius Green, auf, der George Belaney gekannt hatte und etwas wie Hausangestellter bei ihm gewesen war. Green erinnerte sich noch an Belaney, der 1885 nach

Bridgeport gekommen war, begleitet von zwei Frauen und einem Kind, einem kleinen Mädchen. Die ältere war seine Frau; die andere hatte er als seine Schwester ausgegeben. Seine Frau hatte ihn dann verlassen, und Belaney hatte zum Erstaunen aller Kitty geheiratet; er erklärte, daß er ihr Vormund gewesen sei. Sie hatten ein paar Jahre in Bridgeport gelebt und waren im Sommer 1888 nach England gefahren; das Mädchen hatte er zurückgelassen. Im September hatte Kitty einen Sohn geboren. George Belaney hatte bald nach der Geburt des Kindes England wieder verlassen und war in Amerika verschollen. Hatte Grey Owl-Archibald Belaney über seinen Vater mehr gewußt als die Tanten? Hatte nur die Phantasie des Knaben den Vater als Begleiter von Buffalo Bill gesehen? Was war aus seiner Halbschwester geworden? Keiner konnte diese Fragen beantworten.

Der Vater war verschollen. Was war aus der Mutter geworden? Sie mußte das Apachenmädchen gewesen sein, das Grey Owl als seine Mutter ausgegeben hatte.

Seine Mutter lebte noch. Dickson fand sie. Er fürchtete, daß er sie gefunden hatte. Eines Tages rief ihn eine unbekannte Frau an und bat ihn, sie zu besuchen. Er traf eine einfache, ältere Frau, die ihm nach einigem Zögern erklärte, daß sie Archibald Belaneys Mutter sei. Er war bestürzt; denn er hatte alles getan, um Beweise dafür zu bringen, daß Grey Owl ein Halbblut gewesen sei. Die Erklärung der Unbekannten ließ alles zusammenbrechen. Aber sie sagte ihm auch, daß man aufhören sollte, in Belaneys Vergangenheit herumzusuchen; wenn er sich selber als Halbblut bezeichnet habe, solle man es dabei lassen. An ihre eigene Kindheit in Amerika konnte sie sich nur undeutlich erinnern. War sie Belaneys Mutter? Die beiden Tanten in Hastings hatten erklärt, daß sie noch lebe.

Verschwieg die Unbekannte etwas? Dickson wußte es nicht. Doch die Kindheit in Hastings öffnete sich.

Dickson gab einen bewegenden Bericht seiner Suche und seiner Freundschaft mit Grey Owl in dem Band »Halbblut« (Half-Breed). Zweifel und Ungelöstes blieben, aber was bedeuteten sie wirklich? Wer immer Grey Owl gewesen sein mochte: Von einem bestimmten Augenblick an hatte er seine Vergangenheit abgestreift, um eine andere Identität zu gewinnen, und in ihr hatte er gelebt; er hatte sie vor der Welt bewahrt. Er hatte das Leben gefunden, nach dem er gesucht hatte, und zu diesem Leben gehörte das Eintauchen in eine andere Form. Er war Wäscha-kwonnesin geworden, weil er dort, wo ihm dieser Name gegeben worden war, zu Hause war. Hatte er eine Rolle gespielt? Er hatte sein eigenes Leben gelebt, und in diesem Leben war er aufrichtig gewesen.

Die Schlagzeilen verschwanden, die verzerrten und übertreibenden Geschichten hörten auf, das Thema war erschöpft. Eine der englischen Zeitungen, die während der Flut von Verdächtigungen maßvoll geblieben waren, die Londoner »Times«, schrieb am 22. April 1938:

»Angenommen, es würde bewiesen werden, daß er ein Engländer war und nicht halb Schotte und halb Indianer und auf der anderen Seite des Atlantiks geboren, gut, dann könnte er in der Tat verurteilt werden, weil er seine Geburt und seine Kindheit romantisiert hätte, aber die wirkliche Wahrheit seines Lebens würde davon nicht berührt werden, und der Mann, der nichts weiter tat, als eine solche Unwahrheit zu erfinden und zu leben, hätte keinen großen Schaden angerichtet. Jeder Mensch muß sich, bewußt oder unbewußt, auf einer Bühne sehen, auf der er die Rolle spielt, die ihm zukommt. Und wenn Grey Owl, als er seinen seltsamen und einsamen Weg ging, es für gut hielt, eine Rasse und eine Tradition anzunehmen, die tatsächlich nicht seine eigenen waren – nicht, um seine Landsleute zu täuschen oder die Kinder, die ihn liebten, zu begeistern, sondern um sich selber in Leib und Seele als den zu empfinden, der er sein wollte –, dann tat er es, damit seine Wahrheit noch wahrer würde.«

Das war es, was er versucht hatte und was ihm gelungen war, soweit es einem Menschen gelingen kann: der zu sein, der er zu sein verlangte, und seine eigene Wahrheit zu leben. Der Weg, den er gewählt hatte, mochte vielen kindisch, unreif und fragwürdig erscheinen. Aber auf diesem Wege hatte er sein volles Leben gefunden.

Grey Owl / Wäscha-kwonnesin

VORBEREITUNGEN UND LANGE WEGE

Träume

Fassungslos starrten sie ihn an, als die Rede zum ersten Mal darauf kam, was er tun wollte, wenn die Schulzeit zu Ende war, und als er sagte, was er im Sinn hatte. Er war jetzt fünfzehn; man mußte an einen Beruf für ihn denken. Er war selbständig, klug, wißbegierig, ein hübscher Bursche mit guten Manieren, der ein paar Jahre älter erschien, als er war, schlank, breitschultrig, mit dunklem Haar und blauen Augen. Er würde im Leben sicher vorankommen.

Archibald Belaney, Archie nannten ihn alle, die ihn in Hastings kannten, die Lehrer, für die er ein aufgeweckter, doch verschlossener Schüler war, die Schulkameraden, denen seine leidenschaftliche Vorliebe für indianische Spiele schrullig und anstrengend vorkam. Archie war er vor allem für seine beiden Tanten Ada und Carrie Belaney, denen er alles bedeutete. Jetzt brach das zusammen. Er wollte nach Kanada.

Sie waren englische Damen. In England schrie man nicht, man setzte sich ruhig auseinander und überließ es Zeit und Vernunft, zu glätten. Wollte er wie sein Vater untergehen? George Belaney war ein Abenteurer gewesen, Gott mochte wissen, wo er jetzt lebte und wie es im ging. Abenteuer... das klang zauberhaft und groß, es war eines der leuchtendsten Worte in jeder Sprache und voller Verführung, aber zu oft war es mit den Worten »scheitern« und »Elend« verbunden, als daß ein vernünftiger Junge wie Archibald Belaney sich darauf einlassen konnte. Im übrigen gehörte er einer Familie von redlichen, wohlerzogenen Leuten an, die vor Jahren ein Haus in London und ein anderes in Devon auf dem Lande besessen hatten.

George, hätten sie ihm sagen können, sein Vater, war als junger Mensch nach Amerika gegangen, um Dingen nachzujagen, die es, nach ihrer Meinung, einfach nicht gab. Seine Mutter hatte den einzigen Sohn über alles geliebt. Sie vergötterten ihren Bruder, seine Freunde hingen an ihm, Mädchen verwöhnten ihn, aber er hatte merkwürdige Ideen von Freiheit und verachtete das geordnete Leben in Hastings. Schließlich hatte er ein Mädchen geheiratet, das ganz und gar nicht zur Familie Belaney paßte. Ihr Kind war bald gestorben, und George war allein nach Amerika gegangen. Nach einigen Jahren war er zurückgekommen. Man konnte nicht sagen, daß er drüben sein Glück gemacht hatte; er hatte in Bridgeport, einem kleinen Nest in Florida, gelebt und, soviel sie wußten, etwas Land besessen. Er war mit einer Frau zurückgekommen, und Kitty hatte einen Sohn geboren. Damals hatte die Mutter noch gelebt. Alles war geordnet worden, wie es sich gehörte. George war dann wieder nach Amerika gegangen, sie hatten das Kind in ihr Haus aufgenommen, und als die Mutter gestorben war, hatten Ada und Carrie den Neffen aufgezogen.

Und jetzt wollte er nach Kanada; sie verstanden das nicht. Doch aus dem Kinde, dem sie ruhig-entschieden beigebracht hatten, sich am Tage gesittet zu benehmen und abends zu beten, war ein Knabe geworden. Sie hatten ihm, der Tiere liebte, zögernd erlaubt, sich im Dachgeschoß des Hauses eine kleine Menagerie einzurichten, und sich daran gewöhnt, daß er wilde Kaninchen, Schlangen und verletzte Vögel nach Hause brachte, die sich bald, als verstünden sie ihn, in seine Hand schmiegten. Sie hatten sich damit abgefunden, daß er mit einer Hingabe, die schon wie Besessenheit aussah, Geschichten aus dem amerikanischen und kanadischen Westen las und für halbe Tage allein in den Gehölzen von Hastings verschwand, um abends erschöpft und schweigsam zurückzukommen. Aber dann war er ja immer wieder bei ihnen gewesen, aufmerksam, freundlich, oder er spielte ihnen auf dem Klavier vor; sie hatten ihn Stunden nehmen lassen. Die Abende waren voller Frieden und Ordnung, und das Kaminfeuer brannte. Sie würden noch lange zusammen sein. Mit zärtlicher Aufmerksamkeit wollten sie beobachten, wie er vorwärtskommen würde, einen Beruf haben, heiraten und Kinder haben würde.

Sie waren so liebevoll-streng wie blind gewesen. Ein anderes Leben hatte in ihm geatmet, von dem sie nichts wissen konnten und das sie, hätten sie es bemerkt und verstanden, der Kindheit zugerechnet hätten, etwas Vergehendem. Es hatte einen anderen Archie gegeben, der am liebsten allein durch den Wald kroch, nach Fährten suchte oder sich bewegungslos im Gras ausstreckte, alle Sinne weit geöffnet, spähend, atmend. Ein anderer Archie hatte auf den weißen Klippen gelegen, einer, der den Salzwind trank, und der Wind, der über die blitzende oder bleigraue Fläche des Kanals kam, wurde zum Wehen über grenzenlosen Prärien und den Schneeflächen des amerikanischen Kontinents.

Knabenspiele, dachten sie, nach einiger Zeit werden die Traumfeuer erlöschen, die indianischen Traumfedern unbeachtet zur Erde fallen; kein Kind kann die Kindheit halten. Archie indes schien Traum und Narrheit festhalten zu wollen, und jetzt, als er fünfzehn war und sich

Gedanken über einen Beruf machen sollte, zerbrach er ihre Hoffnungen: Er wollte nach Kanada.

Er wußte, daß er sie enttäuschen und verwunden mußte, er mußte ihnen undankbar erschienen. Aber er wußte auch, daß er weggehen würde und daß das Abkommen, auf das er sich nach langen Auseinandersetzungen mit den Tanten einließ, nur eine Verzögerung von sechs Monaten bedeutete. Sie hatten eine Stelle für ihn gefunden; Sims, Landvermessungsbüro in Hastings, schien das Richtige; nach der Lehrzeit im Büro würde er im Freien arbeiten können. Sims war bereit, Archie Belaney zunächst auf sechs Monate ohne Gehalt anzunehmen. Wenn er sich einarbeitete, konnte man weitersehen.

Er war ein guter Lehrling, und sechs Monate schienen den Tanten genügend Zeit, um den Träumer zur Wirklichkeit zurückzubringen. Ängstlich und freudig warteten sie auf den Augenblick, in dem er sagen würde, er wollte bleiben.

Als die sechs Monate zu Ende waren, erklärte er ruhig und entschieden, daß er nach Kanada gehen würde. Sie hatten ihm versprochen, daß sie, wenn er bei seinem Entschluß bleiben sollte, die Überfahrt nach Kanada zahlen und ihn ausstatten würden. Dann würde er auf sich selber gestellt sein. Ob er wisse, was das bedeute, sagten sie. Er würde allein sein. Kanada war nicht England, es war ein rauhes Land. Die Wildnis lag vor der Tür. Er kannte keinen. Was wollte er in dem fremden Lande tun? Ein Sechzehnjähriger sieht nur Morgenlicht.

Tante Ada brachte ihn nach Liverpool. In einem neuen Anzug, den Koffer in der Hand, ging er über den Laufsteg des Dampfers, ein junger, breitschultriger Mensch. Unruhe und Geschäftigkeit der letzten Stunde zitterten über dem Schiff, ehe es sich von der Erde löste, und wie alle, die von Europa nach Kanada zurückkehrten oder die zum erstenmal und als Einwanderer hinübergingen und jetzt vor Erwartung und Abschied fröstelten, stand er an der Reling und sah zum Kai hinab wie von einem anderen Stern, der sich nun langsam bewegte. Er konnte Tante Ada in der Menge erkennen, die ihr Lebwohl mit Händen und Augen fortsetzte, und hinter ihr lagen das sichere Haus, das umfriedete Spiel, alles, was warm und geordnet gewesen war und ihn geschützt hatte. Er sah sie stehen, bis ihr Gesicht erloschen war, dann trat er in die erregende Welt des Schiffes ein, die von fremden Stimmen hallte. Er sah nur noch vorwärts.

Ruhig in den ruhigen Wassern glitt das Schiff dem offenen Meer entgegen, und nun nahm es mit langsamem Emporsteigen und Sinken des Buges die Bewegung des Meeres an, und noch einmal erhob sich seine Stimme wie der langhinhallende Schrei eines Tieres, das seine Freiheit zurückerhält. Die Flut stieg am Bug in einer wandernden Welle, deren Weiß wie Schnee glänzte.

Gelassen pflügte das Schiff seine Furche in dem riesigen Feld, wie es alle seine Vorgänger in vielen Jahrhunderten getan hatten, die hochbordigen Karavellen von John Cabot, der von England aus sich zum ersten Mal der Küste des neuen Landes genähert hatte, die Schiffe von Cartier und Champlain, die sich auf dem mächtigen St.-Lorenz-Strom in das Innere des Kontinents getastet und Kanada aus der Dämmerung der ersten Tage gehoben hatten. Fischerboote der Normandie, der Bretagne und von England ernteten auf den reichen Gründen von Neufundland. Französische Schiffe brachten Einwanderer, Soldaten, Priester, Abenteurer in das neufranzösische Reich und trugen Pelze, den ersten Reichtum des jungen Landes, zurück. Englische Schiffe kamen, um den Traum von Neu-Frankreich zu zerschlagen und Kanada für die englische Krone zu gewinnen. Dann waren die Dampfer gekommen, die von überall her Einwanderer brachten. Die Geschichte von Kanada war mit dem Meer verbunden, es war eine Geschichte von Eroberung und Landgewinnung. Cartier, Champlain, Sieur de la Salle sahen am fernen Horizont den Ruhm aufblitzen. Die Landlosen sahen Felder, die ihnen gehören würden. Die Glücksspieler sahen mühelos erworbenen Reichtum. Alle hatten ihre Visionen, als sie während der langen Fahrt über das Meer nach Westen spähten, um das neue Land aufsteigen zu sehen. In den Augen derer, die in vier Jahrhunderten und bis zu diesem Tage im neuen Jahrhundert den Atlantik überquert hatten, lagen die gleiche Erwartung des Ungewöhnlichen, die gleiche freudige und fröstelige Hoffnung, die in den Augen dieses jungen Menschen blitzte, der das Abenteuer der Wildnis suchte, ohne zu wissen, was Abenteuer war.

Langsam glitt das Schiff fort, dorthin, wo sein Herz längst war, und das Rauschen des Meeres schien dem Wogen grenzenloser Wälder in der Wildnis von Kanada zu gleichen. Es war ein gewöhnlicher Tag im März, doch für den jungen Belaney war es der Tag, an dem er sich ohne Bedauern, ohne Furcht von allem löste, was er besessen hatte; nur den Traum nahm er mit. Für Träume gab niemand etwas, weder in England noch in einem anderen Land und noch weniger in Kanada. Es war ein Land, in dem man erwachte. Aber man wußte es erst, wenn man ankam.

Die Tür öffnet sich

Der Winter dauerte lange in Kanada. Er war anders als der feuchte englische Winter, der Schnee kaum kannte. Hier sanken weiße Lasten herab, die Straßen der Stadt wurden zu verschütteten Pfaden, auf denen Straßenbahnen, Wagen und Menschen in hohen Stiefeln sich mühsam bewegten. Wenn dann die Sonne durchbrach, flammte alles in weißem Licht, das in den Augen brannte, und der Himmel, endlos und leer, war von blendender Reinheit. Ungeheure Stille lag überall; sie floß aus dem grenzenlosen Land in die Stadt.

Dann kam, zögernd, immer wieder und unerwartet vom Winter unterbrochen, der Frühling mit Regengüssen, die den Schnee aufweichten, Stürmen, die in sausender Kraft über der Stadt dahinzogen, mit scharfem Licht, überraschender Wärme und frostiger Kühle in jähem Wechsel. Plötzlich war das Grün da, es brach aus den Bäumen hervor; und schon kam der Sommer, feucht und heiß.

Nachts, wenn Belaney in seinem billigen Zimmer in einer Pension saß, konnte er den Sturm hören, der den Winter vertrieb. Aus endloser Ferne kam er, um im Grenzenlosen zu verwehen. Wenn der Sturm für einen Augenblick rastete, erhob sich zuweilen der vielstimmige, kurze Schrei eines Zuges, verloren und einsam in einem einsamen Land von der Größe eines Kontinents. Dann wußte er, daß er in Kanada war. Nur hier riefen die Züge mit diesem Ton, den keiner vergaß, der ihn je gehört hatte. Aus anderen Quellen als in England sprang hier der Wind, er wehte von Norden her, von der Hudson Bay und von Labrador, ungezähmter Wind der Wildnis, und wenn Belaney das Fenster aufriß, überkommen von der Leere seines möblierten Zimmers, atmete er tief und glaubte den Duft der Wildnis zu spüren, scharf, rein, die zu finden er England verlassen und die er nicht gefunden hatte oder noch nicht. Er war in Toronto und kam sich wie ein Gefangener vor.

Wo war die Wildnis? Nicht sehr weit von hier, er wußte es. Auf der langen Fahrt von Montreal nach Toronto hatte er das riesige Land gesehen, vor dem England zu einem sorgfältig gepflegten Garten wurde: Wälder ohne Ende, Seen, freie Flächen, Siedlungen hier und dort und einige größere Orte, deren Namen er flüchtig aufgenommen und vergessen hatte, und über allem der leere Himmel. Er hatte den Rauch von Lagerfeuern aufsteigen sehen. Wer lag daran – indianische Jäger? Er hatte am Ufer von einsamen Seen Kanus bemerkt. Überall hätte er aussteigen mögen, um sein Leben in der Freiheit anzufangen; aber er war durch den Tag und die Nacht nach Toronto gefahren, und hier war er gefangen. Jeden Tag stand er hinter dem Ladentisch in einem Geschäft und verkaufte Anzüge, Hosen, Jacken, Hemden. Dabei konnte er froh sein, daß er in Toronto war und sofort eine Stellung bekommen hatte. Ein Mann ohne Arbeit war wie ein Mann ohne Paß, und hier fragte keiner nach keinem. Niemand hatte ihn willkommen geheißen. Keiner würde ihn fragen, wie es ihm gefalle oder ob er zurückgehen wolle, weil es ihm zu schwer wurde; hier fragte niemand. Jeder hatte die Freiheit, zu gehen, wohin er wollte. Erfolg oder Versagen lagen bei jedem. Schwimm oder ertrinke.

Die Freiheit, von der er geträumt, hatte den faden Geschmack langer Tage in einem Geschäft. Alles war anders gegangen, als er gedacht hatte, und er wußte schon nicht mehr, was er gedacht hatte, als er auf dem Schiff gewesen war. Wenn man fortgegangen war, wurde man unglaublich schnell vom Vergangenen fortgetrieben; er erinnerte sich kaum noch der Erregung, mit der er an Land gegangen war. Er mußte dem unbekannten Mitreisenden dankbar sein, der sich seiner auf dem Dampfer mit der natürlichen Freundlichkeit des Kanadiers angenommen und ihm die Stellung in Toronto vermittelt hatte.

Wenn er mittags das Geschäft verließ, um in einem billigen Restaurant neben zwanzig und mehr Unbekannten am langen Tisch zu sitzen, oder abends nach Hause ging, wußte er, daß Toronto nur in Kanada liegen konnte. Über dem Kern der Stadt am Ontario-See, die jetzt zweihunderttausend Einwohner hatte und rasch wuchs, lag noch immer das Provisorische und Flüchtige der Pioniertage. Jeder schien nur zu kommen, um wieder zu gehen. Nichts schien auf Dauer geplant und gebaut, die Stadt verlief sich in der Ferne. Das Solide und Viktorianisch-Vornehme mit einem Anstrich des Kolonialen lag neben dem Primitiven, das morgen abgerissen wurde, das Rathaus in gotischem Stil in der Queen Street und die Banken neben einstöckigen Häusern mit vorgetäuschten Fassaden, die reserviert-arrogante Achtbarkeit eingesessener Familien mit altem Reichtum ein paar Schritte neben Elendsvierteln. Toronto, die Gute, wurde die Stadt genannt; die Kirchen läuteten, und der Silberdollar bestimmte.

Aus einer *portage* der indianischen Irokesen, einem Landstreifen zwischen See und Fluß, über den Kanus und Lasten getragen werden mußten, war 1668 ein Handelsposten geworden, in jener Zeit, als Frankreich ein kanadisches Reich besaß und an England verlor. 1705 hatten zwölf Häuser gestanden, hundert Jahre später hatten in Toronto ein paar tausend Menschen gelebt. 1872 hatte die Yonge Street, die lange Straße von Süden nach Norden, sechshundert Häuser besessen; das war erst dreißig Jahre her. Vergessen waren die *portage* und das alte Fort York. Von den Einwanderern, die im neuen Jahrhundert in das Land und nach Toronto kamen, wußte keiner, daß Toronto ein indianisches Wort war und Treffpunkt bedeutete, und hätten sie es gewußt, mußte es nicht für jeden bedeuten: Treffpunkt mit dem Glück, das zu finden alle gekommen waren? Das Land hatte eine große Geschichte, groß in einem anderen Sinn als die europäische, es war eine Geschichte von Jägern, Pelzhändlern, Waldläufern, die in der französischen Zeit *coureurs des bois* und *voyageurs* hießen und sich in die unberührte Wildnis gewagt hatten und den großen Wasserwegen gefolgt waren. Jeder Schritt war ein Schritt in das Unbekannte gewesen, und über der Geschichte Kanadas stand: Im Anfang war der Pelz. Aber hier und jetzt war keiner an Geschichte interessiert, Europa und vor allem England, woher fast alle, die hier lebten, einst gekommen waren und kamen, war voll, zu voll davon wie ein Haus, in dem zu viele Leute lebten und zu viele Möbel aus zu vielen Jahrhunderten den Weg verstellten. Geschichte war hier der Tag, an dem man sein Glück machte, und Glück wurde bestimmt durch Geld. Der große Himmel über der Stadt versprach nichts und versprach alles.

Was versprach er Belaney aus Hastings, der wie Tausende anderer junger Männer morgens zur Arbeit in einen Laden ging, über dem farbig schreiende Schilder auf unerhörte Kaufgelegenheiten hinwiesen? Vielleicht würde er nach einiger Zeit eine bessere Stellung finden. Aber wo war die scharfe, grüne Freiheit der Wildnis? Der Wind, der über die Stadt wehte, reinigte den Himmel, doch die Gesichter der Menschen reinigte er nicht. Geld, Glück, Chance, das hörte er in einem Dutzend Sprachen und in fließendem oder gebrochenem Englisch. Es stieß ihn ab.

Toronto war ihm so gleichgültig wie das Geschäft, in dem er bleiern müde wurde. Er sehnte sich jeden Tag nach dem Abend, und wenn der Abend gekommen war und er mit den anderen Mietern zu Hause gegessen hatte, saß er in seinem Zimmer, in dem vor ihm schon viele gewohnt hatten, um eines Tages spurlos auszuziehen. Er hörte die Stimmen der anderen, die fortgingen, um zu tanzen, Billard zu spielen, die Yonge Street wie verlorene Tropfen entlangzufließen, in einer der öden Bierhallen zu sitzen, in denen man weiter nichts tun konnte, als Bier in sich hineinzuschütten. Zuerst hatten sie ihn aufgefordert, mit ihnen zu kommen; dann hatten sie es gelassen. Belaney mußte verrückt sein, allein in seinem Zimmer zu hokken und über Karten zu brüten.

Er hätte es ihnen auch nicht erklären können und wollen: ihm kam aus dem Grün und Blau, aus Linien, Punkten, Flecken entgegen, wonach er sich sehnte: die Wildnis. Das Grün duftete nach Harz, das Blau wurde zum See und zur Strömung von Flüssen, auf denen das Kanu dahinschoß. Namen wurden ihm vertraut, die seine Hausgenossen nie hören würden, und die Namen klangen fremd und groß nach indianischer Ferne, nach französischer und englischer Pioniervergangenheit. Wie groß dieses Land war, zu groß beinahe für eines Menschen Leben: die Berge im Westen wie ein riesiger Wall, die Prärien, die großen Seen, die Ströme des Nordens, Mackenzie und Yukon im Eislicht der Arktis, die unberührte Leere von Labrador, die Wälder von Ontario und Quebec. Er verlor sich darin und sah von Hügeln über grüne, wogende Meere, ein Jäger, ein Späher, der das Glück in der Wildnis gefunden hatte.

Das neue Jahrhundert, hatte jemand geschrieben, würde das Jahrhundert Kanadas sein. Es war größer als Europa und hatte jetzt fünf Millionen Einwohner, von denen siebzig Prozent auf Farmen, in den Städten der Provinz Ontario und im französisch sprechenden Quebec lebten und der Rest in dem riesigen Gebiet zwischen den großen Seen und dem Pazifischen Ozean. 1885 war das technische Abenteuer des 19. Jahrhunderts nach fünfjähriger Arbeit abgeschlossen worden: der Bau der Canadian Pacific Railway. Der Weg durch das Land von Montreal nach Vancouver war offen, ein stählerner Weg von sechstausend Kilometern. Die sagenhaften Länder von Cathay, nach denen Cartier, Champlain, Sieur de la Salle gesucht hatten, waren als China und Japan nahe gerückt. Die Prärieprovinzen warteten auf Siedler, und sie kamen. Das Land fing an, sich seiner unermeßlichen Reichtümer bewußt zu werden: der Kohle in Alberta, nie gepflügter Erde in Manitoba, unberührter Wälder in Ontario und Quebec.

Die Provinzialregierung von Ontario hatte 1901 Vermessungstrupps in den Norden der Provinz geschickt, um das Gebiet von den Grenzen von Quebec bis zum Nipigon-See untersuchen zu lassen. Sie entdeckten einen mächtigen Gürtel fruchtbarer Erde für neue Farmen. Sie fanden riesige Tannenwälder: Material für die Papierindustrie. 1902 wurde die Timiskaming and Northern Ontario Railway gebaut, die von North Bay bis zu dem Orte Cobalt führte und die neuen Gebiete erschließen sollte. 1903 fanden Eisenbahnarbeiter bei Cobalt Silbererz, es lag ganz dicht unter der Oberfläche. Cobalt wurde der Geburtsplatz für einen fieberhaften Silber-Boom in

Ontario. Man brauchte nur einen Spaten, um sein Glück an einem Tage zu machen; so hieß es, und in Dutzenden von Fällen traf es zu. Das Glück lachte jedem, der rechtzeitig da war, und jeder war da. Die Goldtage von 1896 am Klindike waren wiedergekommen. Anrechte wurden abgesteckt, verkauft und wieder verkauft. Fred La Rose, ein Schmied, besaß die erste Mine. Ein Mann stürzte von einem Felsen und fiel auf eine Silberader, aus dem Nichts in die Fülle. Eine leere Stelle auf den Karten wurde zu einem Lager von Prospektoren, Abenteurern, Glücksrittern. Die Veteranen von Nevada und vom Klondike kamen, erfahrene Jäger der Göttin Fortuna, die sich in Cobalt zu einem langen Treffen eingefunden hatte. Büroangestellte, Kaufleute, Studenten wollten sie finden, die sich einmal nicht launisch zeigten. Barley, Buffalo, Beaver, Silver Queen – eine Grube nach der anderen wurde erschlossen. 1903 hatte die Silbererzeugung den Wert von zehntausend Dollar; zwei Jahre später waren es anderthalb Millionen.

Cobalt und Silber, Cobalt und Glück, Cobalt und die große Chance füllten die Zeitungen von Toronto. Die Bay Street in Toronto wurde das Zentrum von Kauf, Verkauf und Finanzspekulationen. Das King-Edward-Hotel, ein paar Jahre früher gebaut, war der Treffpunkt von Maklern, Spekulanten, Abenteurern, Ingenieuren. Der Reichtum wartete nur darauf, eingesammelt zu werden.

Alles das war Belaney gleichgültig. Die Unrast und diese Art von Hunger in den Gesichtern der Männer waren ihm zuwider. Hätte er zu denen, die neben ihm mittags im Restaurant standen, von Cobalt redeten und sich die Worte Dollar, Silber, Mine wie magische Zeichen zuwarfen, davon gesprochen, was er im Sinn hatte, sie hätten ihn fassungslos angestarrt und dann schallend gelacht. Auch er wollte nach Cobalt gehen. Das würde ihn von dem Gefangensein in Toronto befreien. Von seinen Karten her kannte er das Land bei Cobalt. In diesen Gebieten mit Wald, See, Flüssen, fern von Bahnlinien, wurden Träger und Bootsleute für Kanus gebraucht. Dann würde er im Herzen der Wildnis sein.

Es war zwecklos, mit jemandem über seinen Plan zu reden. Mit dem Inhaber des Geschäftes, der Belaneys Kündigung als selbstverständlich annahm und am nächsten Tage einen anderen Verkäufer haben würde? Mit den Mietern im Haus? Er kannte sonst niemanden; Freunde fand man hier ohnehin nur schwer oder nie. Toronto hieß Treffpunkt; aber er hatte keinen getroffen.

Es wäre ihm ein Trost gewesen, zu wissen, daß in der Stadt, die er verließ, Ernest Thompson Seton gelebt hatte. Als Junge hatte Seton die Wildnis der Rosedale-Schlucht und des Don-Tales durchstreift, nicht weit vom Zentrum der Stadt. Hier war seine Liebe zu Wald und Tier erwacht, die ihn, auf einem langen Weg über Malerjahre in London und Paris, zu seinen Tiergeschichten geführt hatte. Er hätte Belaney sagen können, was es hieß, in den Wäldern zu leben. Aber Seton, der die würzige Freiheit der Wälder immer wieder aufsuchte und den Anstoß zur Gründung der Boy-Scout-Bewegung gegeben hatte, hätte ihm auch gesagt: Geh, Junge, geh nach Norden.

Belaney brachte in Ordnung, was zu ordnen war, und ging zum letztenmal durch die Straßen der Stadt zur Union-Station, dem lärmenden Bahnhof von Toronto. Er bestieg den Zug der Timiskaming and Northern Ontario Railway nach Latchford, dem nördlichsten Punkt der Bahnlinie. Die Wildnis wartete auf ihn. Aber wartete Wildnis jemals auf jemanden?

Man fängt immer unwissend an

Morgenlicht kam hell durch die offene Tür. Er lag auf einer Schlafpritsche und fühlte sich angenehm schwach. Es war ihm, als hörte er Stimmen draußen sprechen; sie waren fern, aber er nahm wahr, daß eine von ihnen tief und fremd klang, er hatte eine solche Sprache noch nicht gehört. Dann, wieder im Halbschlaf, der sich wie eine warme Decke auf ihn legte, schien es ihm, als käme jemand durch die offene Tür in den Raum und beugte sich über ihn. Er schlief mit dem guten Gefühl ein, daß er hier sicher aufgehoben sei.

Besser hätte Belaney es nicht treffen können. Er war schneller am Ende gewesen, als er selber wußte. Der Zug hatte ihn von Toronto nach North Bay, einem kleinen, hübsch gelegenen Ort am Nipissing-See, gebracht. Die Gesellschaft im Zug hatte sich mehr und mehr verändert, je weiter nördlich sie kamen, eine andere Rasse von Männern tauchte auf, neben der die jungen Büro- und Ladenabenteurer, unterwegs nach Cobalt, um ihr Glück zu machen, in ihren städtischen Anzügen und Hüten noch unbeholfener erschienen, Belaney eingeschlossen. Er sah die Fremden bewundernd an, Prospektoren auf dem Wege nach Cobalt wie zu einem Platz, der ihnen längst vertraut war, Holzfäller, die in die Wälder zurückgingen. Sie waren hier zu Hause. In der Stadt, wo er sie manchmal gesehen hatte, bewegten sie sich schwerfällig, wie in einer fremden Welt. Ihre Gesichter waren scharf und von gegerbter Bräune, ihre Hände fest und griffig, langsam ihr Gang. Sie sprachen nicht viel, und wenn einer von ihnen Belaney etwas fragte, beiläufig, als sei er eine Art Schatten, kam er sich mit seinem englischen

Akzent noch fremder vor. Er würde viel zu lernen haben, um einer von ihnen zu sein und von ihnen angenommen zu werden. Jetzt war er nur ein *tenderfoot,* ein Neuling, ein grüner Junge, der in die Wälder fuhr, ohne etwas zu wissen.

Denn hier waren die Wälder, hier waren Wildnis und Urland, eine andere Welt. Hier war die Luft stark und würzig von Sommerwald, Sumpf und Rauch. Die Welt bestand nur noch aus Wald, als hätte es Städte und Straßen nie gegeben. Wald ohne Ende schloß die schmale Bahnlinie in riesigem, heißem Schweigen ein. Hier und da blitzten Granitfelsen in der Sonne auf. Mächtige schwarze Flächen mit verkohlten Baumstümpfen erschienen, die von Waldbränden, der sommerlichen Tragödie Kanadas, sprachen. Einsame Seen leuchteten als Öffnungen im Wald von Tanne, Buche, Erle, Fichte und Birke auf; und Wald wieder, endlos, ohne Pfad. Er hatte keine Furcht, er hatte ja nur darauf gewartet, hierherkommen zu können; und hier irgendwo wollte er anfangen zu leben, wie er es geträumt hatte, frei in der Freiheit der Wildnis.

Aber die Wildnis, der Busch, wie sie hier sagten, hatte für den jungen Mann aus Hastings, der mit dem Koffer in der Hand wie ein verirrter Tourist aussah, nicht viel übrig.

Er war in Latchford angekommen. Da war, wie überall in diesen entlegenen Orten, eine Art Hotel, ein Restaurant, Blockhütten, ein paar Häuser, deren Fassaden mehr vortäuschten, als dahinter war, Zelte von Prospektoren; nicht weit vom Ort standen die Hütten eines Holzfällerlagers. Um Geld zu sparen, hatte Belaney sich unter einen Baum gelegt, die Jacke mit seinem Geld zusammengerollt unter dem Kopf. Aber nachts hatte er gemerkt, daß sich eine Hand an seiner Jacke zu schaffen machte, und aus leichtem Schlaf auffahrend, hatte er ein fremdes Gesicht gesehen, ein Messer, er war aufgesprungen, ein Fremder fiel ihn an, sie rangen miteinander. Leute in der Nachbarschaft waren aufmerksam geworden, und der Fremde war verschwunden.

Immerhin brachte ihm diese Nacht unerwartet Freundlichkeit ein. Einer der Prospektoren nahm ihn mit zu seinem Zelt und gab ihm ein grobkariertes Buschhemd, ein paar alte Hosen und andere Schuhe, damit man ihm das Greenhorn nicht gleich auf den ersten Blick ansähe. Der Mann übrigens bedauerte ihn nicht; hier spielte jeder und gewann oder verlor auf eigenes Risiko. Aber was hatte Belaney sich hier, zum Teufel, vorgestellt? Daß er zum Tanz gehen würde – in diesem Anzug? War er ein Reisender in Seife? Mach Augen und Ohren zu, Junge!

Das war die erste Lehre. Eine andere war härter: Er fand in Latchford keine Arbeit. *No experience.* Keine Erfahrung. Experience war ein Wort, das man überall hören konnte. Noch ein Tellerwäscher sollte Erfahrung haben; und ein Holzfäller war nicht einfach ein Mann, der eine Axt in die Hand nahm und den ganzen Tag ein freies Leben im Walde führte. Belaney hatte noch nie einen Baum gefällt.

Er verließ Latchford, um nach Cobalt zu gehen; dort mußte sich Arbeit finden lassen. Er wollte gehen, da er das Geld für die Fahrkarte nicht mehr hatte, und nach Cobalt waren es immerhin siebzig oder mehr Kilometer. An alles andere konnte er sich nur noch schwach erinnern.

Er war auf den Geleisen entlanggegangen. Der Morgen im kanadischen Sommer verlor schnell seine Frische. Die flammende Sonne schlug auf ihn, Fliegen und Moskitos fielen ihn in Schwärmen an. Erschöpft und schwach setzte er sich ab und zu am Rande der einsamen Strecke hin. Die Schienen blitzten wie weißes Feuer. Er ging taumelnd weiter; dann brach er zusammen.

Als er aufwachte, lag er in der Blockhütte von Jesse Hood. Sie hatten Belaney gefunden, sagte Jesse Hood ihm dann, ohnmächtig und von Fliegen zugedeckt, er hatte neben der Strecke gelegen. Jesse Hood und die beiden Indianer, die mit ihm zusammen arbeiteten, waren zufällig an der Stelle vorbeigekommen. Sie hatten ihn aufgehoben, ihn in das Kanu gepackt und ihn zu ihrer Blockhütte mitgenommen, die zwischen Latchford und Cobalt an einem See lag.

Zum erstenmal sah Belaney einen Mann, der in den Wäldern lebte und dieses Leben für nichts hergegeben hätte. Sein braunes Gesicht war ruhig, frei von dem Hunger, der so viele Gesichter in der Stadt rastlos und schlaff machte. Sein Blick umfaßte die Dinge, seine Bewegungen waren genau und sparsam, sein Schritt leicht. Er sprach kein Oxford-Englisch, aber er meinte, was er sagte. Er konnte alles, weil man in den Wäldern alles können mußte, um zu überleben, und er war in den Wäldern seit Jahren zu Hause. Er arbeitete als Führer von Kanu-Brigaden, wenn die Regierung Vermessungstrupps ausschickte, als Prospektor, als Trapper und verdiente manchmal gutes Geld, das er bedenkenlos ausgab; dafür waren Latchford und Cobalt die richtigen Plätze, ein Mann mußte ja schließlich ab und zu etwas vom Leben haben. In der Stadt wäre er erstickt. Niemand wußte, woher er gekommen war; keiner fragte, weil hier nicht gefragt wurde.

Zum erstenmal sah Belaney Indianer. Sie trugen Buschhemden und Overalls, aber sie waren Indianer, Nachkommen der Stämme, deren Kriegsrufe Belaney in Büchern gehört hatte. Die Kriegsrufe waren lange verstummt, sie waren Überreste, der Alte mit dem erstarrten Gesicht eines Adlers und der junge Ojibway, der Michelle hieß. Lautlos, mit einem Gang, der sich an die Erde schmiegte, glitten sie durch die Welt. Sie sprachen kaum, und wenn Jesse Hood mit ihnen redete, klang, was sie sagten, dunkel und voll. Niemand konnte in ihren Augen lesen, keiner wußte, was sie dachten. Geschmeidig bewegten sie sich auf der Erde, die ihren Vorfahren gehört hatte und auf der sie jetzt Arbeiter, Träger, Führer und Bootsleute waren.

Hier war er zu Hause, Belaney wußte es, hier, wo alles auf das Notwendige zugeschnitten war, der Tag mit dem Wehen des Waldes anfing und das Flüstern des Waldes noch den Schlaf umgab. Es würde ihm schwerfallen, wegzugehen, aber selbstverständlich mußte er gehen, hier konnte niemand einen überflüssigen Esser gebrauchen, auch wenn er sich, als er wieder bei Kräften war, nützlich zu machen versuchte. Er empfing eine andere Lehre: Er wußte nichts. Er wußte nicht einmal, wie man in einem Kanu saß, wie man im Walde ging, er hatte nie ein Gewehr in den Händen gehabt.

Jesse Hood schien den jungen Vogel, der noch nicht fliegen konnte, gern zu haben. Eines Tages warf er beiläufig hin, daß er und die beiden Indianer einen Vermessungstrupp der Regierung treffen würden, um für ihn als Träger und Bootsleute zu arbeiten; er denke, daß Belaney mit ihnen gehen könnte; er würde das schon mit dem Leiter des Trupps ausmachen. Unterdessen konnte Michelle ihm einiges zeigen, denn so... Belaney verstand.

Er war ein Grundschüler in der Schule der Wälder, in der keiner auslernte. Und wie er lernte, wie er begriff, daß man, um in den Wäldern zu leben und zu überleben, ganz von vorn anfangen mußte! Man mußte Dinge lernen, von denen Leute, die in Städten lebten, nie wissen würden, und Michelle, der junge Objibway, war ein vorzüglicher Lehrer. Sie konnten kaum miteinander reden, Michelle sprach nur gebrochen Englisch, aber sie verstanden einander ohne Worte, und Michelle war geduldig und wiederholte jeden Griff – sieh, so steigt man in ein Kanu, so hält man das Paddel, damit die Hände nicht ermüden. Sieh, mit einem schnellen Wenden des Handgelenkes und des Paddels vermeidet man, daß das Kanu sich im Kreise dreht; so lehnt man sich nach jedem Schlag vorwärts, damit der ganze Körper die Arbeit tut. Kanu, Paddel und Mann waren ein Ganzes. Ein guter Mann konnte sein Kanu von jeder Stelle aus steuern, er konnte aufstehen und im Kanu auf und ab gehen, ohne umzuschlagen.

Es war ganz leicht, oder es sah leicht aus. Der Schweiß lief dem Schüler über das Gesicht, während Michelle vor ihm saß, ihn aus seinen schwarzen Augen beobachtete, den Kopf schüttelte, manchmal O.K. oder ein Wort in Ojibway sagte, leise, unauffällig. Die Hände wurden vom Paddeln steif, das leichte Gerät wurde zur Last. Aber er lernte, wie man ein Kanu bewegt, wie man es gegen den Wind steuert. Ein Kanu war ein lebendiges Wesen, störrisch, wenn man es falsch behandelte, schmiegsam und ein Freund unter der richtigen Hand. Es war ein Meisterwerk, geschaffen von indianischer Intelligenz und langer Erfahrung auf Seen und Flüssen des amerikanischen Kontinents. Er lernte, sich und das Kanu im Gleichgewicht zu halten, und das Gleichgewicht nicht zu verlieren, war das erste Gesetz der Wildnis. Er lernte den Griff, mit dem man das Kanu aufhob, um es über eine *portage* zu tragen.

Er lernte in diesen Wochen mit Eifer, Freude, Geduld. Er konnte nicht mehr zurück, er hatte die Welt gefunden, in der er leben wollte. Die Tür war einen Spalt weit aufgegangen, und jeden Tag öffnete sie sich mehr.

Michelle und sein Schüler verließen den See und betraten den Wald. Das waren nicht die lichten Gehölze von Hastings und die gepflegten Parks englischer Landschaft; hier war Urwald, von Menschen kaum berührt. Jetzt verstand Belaney die Nachrichten von Jägern, Farmern, Touristen, die in den Wäldern verlorengingen und oft erst nach Tagen, manchmal nie mehr gefunden wurden. In diesem Wald gab es keine Zeit, keine Richtung, kein Ende; er wurde eine andere Schule für ihn. Er stolperte, wo Michelle lautlos glitt, er riß sich an Zweigen und Dornen die Haut auf, wo Michelle durch das Unterholz wie durch Wasser zu tauchen schien. Er trat auf dürre Äste, die für Michelle nicht vorhanden waren, und das Wild stob davon. Der Indianer bewegte sich im pfadlosen Walde mit der Geschmeidigkeit eines Tieres. Doch langsam spürte Belaney, wie sein Körper anfing, sich zu verändern; er wurde biegsam. Langsam erhielt er Spuren des Wissens zurück, das in den Zeiten des Morgengrauens menschlicher Geschichte jeder besessen hatte. Er war blind gewesen, jetzt begann er zu sehen, seine Sinne wurden wach und scharf. Mit Bewunderung sah er, daß Michelle jeden Vogel, den er schießen wollte, dort traf, wo er ihn treffen wollte, und immer tödlich. Im Walde war jede Patrone kostbar.

Michelle ging vor ihm, deutete auf den Boden und flüsterte: Otter – oder: Luchs – oder: Marder, Fuchs, Hirsch, Elch. Wer im Walde lebte, mußte von ihm leben und das Geheimnis der Fährten kennen. Michelle führte ihn in die Kunst der Pirschjagd ein; es war die Kunst, das Wild eher zu bemerken, als es den Jäger sah, sich in völliger Stille zu nähern, den Wind zu kennen, jede Bewegung des Körpers zu beherrschen, um nach Stunden unerschöpflicher Geduld zum Schluß zu kommen.

Der Wald schwieg. Man konnte nicht fragen, wo der Pfad sei, denn hier gab es keinen Pfad. Man mußte wissen, wohin man ging und daß man ankommen würde. Michelle zeigte ihm, wie man die Richtung einhält. Wer die Richtung verlor, war verloren, denn dieser Wald lehnte den Menschen als Eindringling ab und versuchte alles, um ihn erschöpft zur Strecke zu bringen.

Sie saßen auf einem Felsen mit niedergebrannten Fichten, und ringsum waren Felskuppen, bedeckt mit verkohlten Baumstümpfen. Am Grunde der Felsen lag dichtes Unterholz. Michelle zeigte auf einen Hügel, der etwa einen Kilometer entfernt war. Belaney sollte allein dorthin gehen, und sie würden sich auf der Höhe jenes Hügels treffen. Nichts schien einfacher zu sein, er brauchte nur nach der Sonne zu sehen und die Richtung einzuhalten. Er arbeitete sich durch das dichte Unterholz, bis er nach einer halben Stunde den Felsen sah. Schweißverklebt und erschöpft kroch er hinauf und fand Michelle ruhig rauchend auf der Höhe sitzen. Michelle sah ihn erstaunt an und bemerkte, er sei noch gar nicht aufgestanden, um zu dem anderen Felsen zu gehen. Dann sah Belaney den Beutel mit ihrem Proviant an einem Baum hängen. Er war im Kreis gegangen und zum gleichen Ort zurückgekehrt. Es sah wie ein Scherz aus, aber wenn man allein in den Wäldern lebte, konnte man sich solche Scherze nicht erlauben.

Jeder Tag war ein Tag in der harten, unnachsichtigen Schule der Wälder. Jeder Tag brachte Schweiß, Anstrengung und neues Wissen. Dann schien es für den Anfang genug zu sein. Sie packten ihre Sachen, um nach Latchford zu gehen, und verließen die Hütte. Wer unterdes auch immer die offene Hütte betreten sollte, er würde sie so verlassen, wie er sie gefunden hatte. Hier gab es keine Diebe.

Die Schule hörte nicht auf. Belaney lernte, eine Last von fünfzig und mehr Pfund zu tragen, die im Laufe endloser Stunden zu einem Block auf seinen Schultern wurde, und wenn er keuchend auf Jesse Hood und die beiden Indianer blickte, die vor ihm gingen, wunderte er sich, wie mühelos sie ihren Packen trugen. Der erste Tag bei dem Vermessungstrupp war Qual, der zweite nach schlafloser Nacht am Feuer Anstrengung, am dritten hatte sich der Körper eingespielt, und langsam teilte sich ihm die Weisheit des Lastentragens mit. Er lernte, einen Tag um den andern im Kanu zu sitzen und zu paddeln. Keiner fragte, ob es ihm schwerfiele, keiner bedauerte ihn. Er trug seine Lasten über *portages* unter der Sonne des kanadischen Sommers, die den Himmel über den Wäldern mit weißem Feuer füllte und die Flüsse und Seen in Rinnen von glühendem Metall verwandelte, in jähem Regenfall und bei Sturm. Die Tage verloren ihre Härte, und wenn er sich abends nach dem Essen neben den anderen ausstreckte, war er zufrieden.

Im Herbst war die Arbeit des Vermessungstrupps beendet, und sie kehrten zu ihrer Hütte zurück. Es war Belaney, als träte er zu Hause ein, und dieses Zuhause lag im Herzen der Wälder.

Dann waren Michelle und er allein. Jesse Hood war nach Cobalt gegangen, um als Prospektor zu arbeiten. Der alte Indianer war irgendwohin verschwunden. Im Frühjahr, sagten sie, würden sie zurückkommen; wahrscheinlich, aber sicher war es nicht.

Der Herbst zog mit flammendem Leuchten durch die Wälder. Die Wildgänse flogen über dem stummen Feuer nach Süden. Der Indian Summer, ein Nachleuchten des Sommers zwischen Herbst und Winter, das es in diesem Glanz nur in Kanada und auf dem amerikanischen Kontinent gab, füllte die Welt mit geheimnisvoller Stille. Die Zeit selber schien ihren Atem zu verhalten, um dem schwebenden Fall der Blätter zu lauschen. Dann kam der erste Frost, und mit dem Schnee begann die weiße Zeit der Wälder.

Die Schule des Winters begann, und wieder war Michelle ein Lehrer von unerschöpflichem Wissen, das sich in Büchern nicht fand. Das Kanu ruhte an einem geschützten Platz; jetzt gingen beide auf Schneeschuhen durch das weiße Schweigen. Belaney lernte, Fallen zu stellen, die gefangenen Tiere zu töten, ohne daß sie litten, und abzuhäuten, die Häute zu gerben. Das Gewirr der Fährten im Schnee öffnete sich, das Leben der Tiere lag vor ihm. Die Fährte eines Otters war anders als die eines Luchses. Ein Otter machte drei oder vier Sprünge, um dann ein Stück im Schnee zu gleiten. Die Fährte eines Luchses glich fast der eines Löwen, man vergaß sie nicht. Hermelin, Marder, Fuchs, Bär schrieben ihre Jagdwege durch die Wildnis mit ihren eigenen Zeichen ein. Hier war eine Eule auf ein Kaninchen herabgestoßen und hatte es verfehlt, und dann konnte man die gehetzte Flucht des Tieres verfolgen, bis zu dem Ort, an dem die Fänge des Vogels seine Angst zerfetzt hatten.

Wenn der Wind schwieg, glitten sie durch den Wald wie durch einen ungeheuren Raum, dessen Wände, Dach und Fußboden aus Stille bestanden. Wenn die Stürme kamen, wurde der Wald zu einer sausenden weißen Hölle. Im kalten, blausilbernen Licht des Mondes wurde alles geisthaft, und nachts draußen an einem Feuer wehten Flüstern und Raunen, als wären Geister um sie. Muji-

Manito, der böse Geist, war unterwegs. Wald war mehr als Wald, und Belaney fuhr aus leichtem Schlaf empor, wenn ein Zweig herabfiel oder Schnee von einem Baum sank. Er lernte, im Schnee zu schlafen, ein Feuer bei Regen und Sturm anzuzünden und zu unterhalten, einen Topf Tee zu kochen.

Alles besaß die Frische des ersten Males, Sturm und Stille, Mondlicht und Schwärze sternenloser Nächte, die Wärme in der Hütte dann, die ihnen wie ein Freund entgegenkam, und die Abende mit Michelle. Er fühlte sich hingezogen zu diesem verschlossenen Gesicht, und Michelle wurde für ihn der Zeuge geheimnisvoll großer Vergangenheit, in der die Ojibways Jäger und Herren der Wälder, Seen und Flüsse gewesen waren, Bootsleute und freie Wanderer auf freier Erde. Es war ihm, als hätte er immer schon hier gelebt.

Der Frühling löste sich vom Winter, die Welt wurde zu Nässe und Schlamm, Stürme des frischen Jahres flogen über den langsam erwachenden Wäldern dahin. Die Sonne kam und brach die eisige Haut über den Wassern auf. Jesse Hood und der alte Indianer hätten nun zurück sein müssen, aber sie kehrten nicht zurück. Vielleicht würden sie später kommen, vielleicht nie; dann würde die Hütte leer bleiben und langsam zerfallen, um wieder Teil des Waldes zu werden. Besitz war hier das, was man bei sich trug.

Michelle gab seinem Schüler und Freund zu verstehen, daß er nicht warten würde; er wollte nordwärts gehen und seine Familie besuchen. Sie trennten sich ohne viel Worte. Michelle hob die Hand zum Gruß und entschwand. Sie hatten eine gute Zeit miteinander gehabt, jetzt war sie zu Ende.

Dank, Michelle – aber er sagte es nicht. Er hatte viel gelernt, und schon wußte er, daß ein Mann in den Wäldern nie auslernte, daß jeder Tag ein Tag einsamer Anstrengung und allein genossener Freude war. Man mußte unaufhörlich wach sein, man mußte gespannt leben, ohne von der Spannung zerrrieben zu werden.

Er war allein, doch anders allein als in Toronto. In den Städten wurde das Alleinsein zu einer schleichenden Krankheit, die einem die Kräfte nahm. Hier wurde man stärker – wenn man es wollte. Nie würde er Michelle vergessen. Manchmal hatte sich sein verschlossenes Gesicht zu einem flüchtigen, scheuen Lächeln geöffnet. Ein Objibway war sein erster Lehrer gewesen, und den ersten Lehrer vergißt man nie. Er zeigt, was hinter der Tür liegt. Er öffnet sie, führt über die Schwelle und sagt: Da ist es. Nimm es.

Das erste Jahr in den kanadischen Wäldern war zu Ende. Er war allein in Keewaydin, dem Lande des Nordwestwindes.

Veränderungen

Kein Verlangen nach dem Fieber von Cobalt; kein Ehrgeiz, ein Anrecht abzustecken, nach Silbererz zu graben, das Anrecht im richtigen Augenblick zu verkaufen und sich mit dem Geld an organisierten Unternehmungen zu beteiligen. Belaney hatte ein anderes Anrecht gefunden, das nie ganz ausgemessen werden konnte. Mit Beharrlichkeit ging er daran, herauszufinden, was dieses Anrecht enthielt.

Keiner sagte ihm, daß er ein Narr sei. Die es hätten sagen können, wenn sie Zeit gehabt hätten, aufzusehen, jagten in Cobalt nach Silber und Glück. Die Indianer, die er traf, glitten lautlos an ihm vorüber. Die Trapper und die Männer der Flüsse, die *rivermen,* waren Narren vom gleichen Schlage. Sie konnten nicht mehr in der Stadt leben, sie gehörten dem Norden. Keiner von ihnen fragte, wer der junge Belaney war, den man jetzt, nach einem Jahr in den Wäldern, gut für zweiundzwanzig halten konnte; aber er war siebzehn. Er lebte unter ihnen, er verstand sich auf seine Arbeit als Träger und Kanumann und war unermüdlich, willig, gutgelaunt und zäh. Wer er war, wußte keiner genau, man fragte nicht danach. Was einer war, konnte man sehen, und wer im Busch nichts taugte, gab ohnehin auf und ging nach Kanada zurück, wie sie die besiedelten Räume im Süden nannten. Er war ein Halbblut, Sohn eines Schotten und einer Indianerin, wie er sagte. Was jemand sagte, nahm man für wahr hin.

Belaney hatte sich in diesem einen Jahr verändert. Er war schlank und sehnig, breit war sein Rücken, der Lasten über die längsten *portages* brachte. Er kleidete sich wie alle in den Wäldern mit farbigem Hemd aus

Wolle und festen Hosen, doch statt der Stiefel trug er Mokassins. Sein Gesicht mit den blauen Augen war tiefdunkelbraun, das schwarze Haar trug er lang bis auf die Schultern.

So kam er eines Tages im Sommer 1906 nach Timiskaming nahe der Grenze zwischen Ontario und dem französisch sprechenden Quebec, um bei dem Besitzer eines Touristenhotels nach Arbeit zu fragen. Guppy lebte hier seit Jahren und besaß eine Anzahl von geräumigen Holzhäusern mit dem, was man abseits der Zivilisation unter Komfort verstand. Im Sommer kamen Gäste aus Toronto und Montreal, um, von Führern geleitet, Hirsche, Rehe und das großartigste Wild der kanadischen Wälder, den Elch, zu jagen, in den Flüssen zu fischen, nachts am Feuer unter freiem Himmel zu liegen und für ein paar Wochen so zu leben, wie man leben sollte. Die Zeit der Pioniere und der *coureurs des bois* war längst vorbei, aber in jedem Kanadier lebte die Sehnsucht nach freiem Raum, nach großer Natur, und Raum und Natur gab es genug.

Guppy sah sich den jungen Menschen, der wie ein Indianer aussah und sich auch so bewegte, genau an. Ein Halbblut; aber als er ihn nach Woher und Wohin fragte, erhielt er die Antwort in tadellosem Englisch mit englischem Akzent. Belaney mit dem guten englischen Namen, soviel fand er heraus, kannte das Land bei Timiskaming gut, und auch weiter nördlich bei Temisgami, wo Guppy ein neues Touristenhotel bauen wollte. Belaney gefiel ihm. Er bewegte sich ruhig und sicher und hatte feste Hände. Guppy stellte ihn an und bedauerte es nicht. Er war ein ausgezeichneter Träger und ein guter Mann im Kanu, er war höflich und hilfsbereit, obschon zurückhaltend, und irgendwie verkroch er sich in sich selber, wenn ihn jemand nach seiner Herkunft fragte. Wollte er etwas verbergen oder vergessen? Guppy bemerkte auch, daß Belaney lieber mit Indianern als mit Weißen zusammen war. Romantik? Wahrscheinlich. Dann würde ihm die Romantik bald ausgetrieben werden, oder er würde überall und nirgends herumhängen und nicht mehr zurechtkommen. Aber er war ein guter Mann, der sofort verstand, wenn ihm etwas mit einem Blick, mit einer Bewegung erklärt wurde, und nicht vorgab, zu wissen, was er noch nicht wußte. Zu Anfang des Winters schickte er Belaney mit Tommy Saville, dessen Frau, die für alle kochte, und ein paar anderen Leuten nach Temigami, um das neue Touristenhotel zu bauen.

Tommy Saville, der mit dem Busch vertraut war wie kein zweiter, wurde sein zweiter Lehrer. Hier, in der Stille des Winters, wurde kaum über den Russisch-Japanischen Krieg gesprochen und selten über das, was in der Welt vorging. Tommy Saville, wenn er mit Belaney auf Schneeschuhen durch die Wälder ging, öffnete ihm das Land. Er sprach von Flüssen, die jetzt unter Eis lagen, von Bäumen und Felsen, nach denen man die Richtung einhalten konnte, von Stellen, wo im Sommer Fische in Fülle sein würden. Als Führer, der Belaney im nächsten Sommer oder irgendwann sein würde, mußte man das wissen; man mußte hier zu Hause sein. Ein Mann in den Wäldern besaß nur seine Intelligenz, seine Erfahrung, Geduld und Zähigkeit. Er mußte das Alleinsein ertragen, da es der natürliche Zustand in den Wäldern war. Wer es nicht aushielt, war verloren. Er mußte noch ausdauernder sein als das Wild, das er jagte, und vorsichtiger als der Fisch.

Dem guten Sommer mit Gästen aus den Städten folgte der Goldhauch des Herbstes, und aus der Nässe kam der blitzende Winter hervor. Belaney hatte durch Guppys Fürsprache im Winter 1908 andere Arbeit bekommen; er war Briefträger zwischen Temigami und Temiskaming im nördlichen Ontario.

Ein Tag in den Wäldern war nicht die Kette von Stunden, an der Menschen in den Städten lagen und sich wundrieben. Hier war der Tag rund und voll vom Kommen des Lichtes bis zur Ankunft der Nacht, und wenn Belaney mit dem Hundeschlitten durch die weiße Welt glitt, genoß er den Tag wie eine Frucht von eisig-herbem Geschmack. Er hatte atemlos zugehört, wenn Tommy Saville und andere erfahrene Waldläufer vom *trail* gesprochen hatten, vom Pfad in den Wäldern, dem sie folgten wie einem Zauberwort und den sie mit ihren eigenen Schritten zeichneten. Der *trail*, der Pfad – besser verstand er jetzt dieses Wort und seinen unerschöpflichen Inhalt von Mühsal, Anstrengung, Freude, wenn er die Wärme der kleinen Siedlung verließ. Vorüber an den letzten Häusern; und dann wurde alles rein, stumm, leuchtend weiß – der *trail* begann. Zeichen des Lebens überall im Schweigen, doch nur dem, der zu sehen verstand: ein Pfad, der von links in seinen Pfad einmündete und von irgendwoher kam; Rauch plötzlich, Zelte: ein indianisches Lager mit dem Kläffen von Hunden, den schrillen Stimmen indianischer Frauen, der tiefen, vollen Stimme eines alten Mannes, der ihn in das Lager einlud; ein langer, schmaler See wie ein weites Feld; die langsam verflammende Sonne über Waldhügeln in dunklem Feuerlicht. Die Schatten wurden länger, die Zeit für das Nachtlager war gekommen. Holz für das Feuer wurde geschlagen, die Hunde mußten mit gefrorenem Fisch oder mit Elchfleisch gefüttert werden; dann kochte er sein Mahl, Bohnen, gesalzenes Schweinefleisch, Tee. Später kam die

Stille der Nacht im Walde. Das Feuer brannte, die riesigen Schatten der Bäume schienen sich in stummem Tanz zu bewegen. Wilde Kaninchen huschten durch den Lichtkreis der Flammen und verschwanden im Dunkel. Der Mond stieg langsam empor. Der Frost knackte in den Stämmen und Ästen, das hallte wie ein Flintenschuß. Dann erwachten die Stimmen der Winternacht, ein fernes Heulen, das wie Klage anschwoll und verschwebte und von anderen Stimmen aufgenommen wurde: Die Wölfe waren wach, und als hätte ihr Klagen den Himmel geweckt, begann in den fernen Räumen des oberen Kontinents eine Bewegung, ein langsamer Tanz des Lichtes, geisterhaft stumm: Die Nordlichter tanzten und glitten über die dunkle Wölbung, sie sanken und erhoben sich, und das Ohr des Ruhenden glaubte einen geheimnisvollen Ton zu hören, Musik des Alls. Er war allein, aber er war nicht einsam. Nur wer Furcht hatte, war einsam. Er schlief ein.

Der neue Tag fing noch vor dem ersten Licht an. Das Lager wurde abgebrochen, die Hunde wurden angeschirrt. Von der Raststätte der Nacht blieben nur das Lager aus frischen Zweigen, ungenutztes Feuerholz, ein sorgfältig ausgelöschtes Feuer zurück. Der Pfad lag vor ihm.

Drei Winter lang fuhr Belaney als Briefträger zwischen Temigami und Timiskaming; drei Sommer lang arbeitete er für Guppys Touristenhotel in Temigami. Die Seen und Flüsse wurden ihm vertraut, er kannte Erde, Wasser, Himmel. Die mit ihm zusammenkamen, schätzten ihn und nahmen ihn für das an, was er, wie er sagte, sei: Archie Belaney, ein Halbblut. Im allgemeinen schätzte man Mischlinge nicht, sie waren oft unberechenbar und unzuverlässig, Leute, die zwischen den Rassen lebten und zu keiner gehörten.

Er war ein Halbblut. Mit der gleichen Entschiedenheit, mit der er sich von seiner Kindheit und Jugend in Hastings getrennt hatte, streifte er ab, was ihn mit der Welt draußen verband, um zur Welt der Wälder noch tiefer und ausschließlich zu gehören. Verlangen nicht manche danach, noch einmal anzufangen, als hätte es nicht schon gelebtes Leben gegeben? Träumen nicht manche von einem neuen Dasein, vom Verlassen des Alten, Abgenutzten, um eine andere und ihre wirkliche Identität zu finden? Das war es, was der junge Belaney versuchte. Er hätte auch seinen Namen ablegen können, aber das mochte ihm nicht wichtig genug sein; so war er Archie Belaney. Der englische Akzent, der ihn von den anderen Trappern und Bootsleuten unterschieden hatte, verlor sich langsam und wurde von dem flachen, etwas monotonen Englisch, das der Kanadier sprach, aufgesogen. In seiner Haltung, seiner Kleidung, seiner Art, sich zu bewegen, wurde er immer mehr Indianer. Wovon in Romanen mehr oder weniger überzeugend geschrieben wurde, unternahm er in der täglichen Wirklichkeit der kanadischen Wälder: das Leben zu führen, das ihm gemäß war, den Belaney, der er gewesen war, in sich nicht nur zu bedecken, sondern auszulöschen, einen anderen an seine Stelle zu setzen, der er sein wollte. Man konnte das absurde, verspätete Romantik nennen. Dann war es eine Romantik, für die er einen hohen Preis zahlte, und er hatte davon nichts außer dem Leben, das er lebte. Es war mehr als Romantik, es war ein Versuch, sich auf diese radikale Art in die Welt einzupflanzen, die er gefunden hatte und die er als seine Welt, seine Heimat erkannte. Es war ein Versuch, zur Einheit des Lebens zurückzufinden, wie er sie im Indianer, instinktiv zuerst und dann bewußt, wahrnahm und noch im Indianer dieser Tage, der ein verlorener Mann auf verlorener Erde war, doch noch im Besitz uralten Wissens und, wie es ihm schien, der einzige, der wirklich auf der Erde und mit ihr lebte, geborgen in der Natur.

Er ging weiter als Tommy Saville, Red Landreville, als alle, die das harte Leben als Träger, Bootsmann, Trapper dem Leben in der Zivilisation vorzogen. Auch wenn sie nie darüber sprachen und es nicht erklären konnten – war es nicht Verlangen nach natürlichem, einfachem Leben gewesen, das sie irgendwann in die Wälder geführt hatte, Verlangen nach einem Leben am Grunde, das frei war von Verfälschungen, halber Lüge, halber Wahrheit, einem Leben, das richtig war? Die großen kanadischen Wälder und Kanada außerhalb der Städte waren noch eines der wenigen Länder, in denen ein Mann leben konnte, wie er wollte, wenn er bereit war, den Preis dafür zu zahlen. Keiner von ihnen, sie wußten es alle, konnte in den Wäldern sein Glück machen. Dafür mußte man nach Cobalt, Sudbury oder Kirkland Lake gehen, wo jetzt Gold gefunden wurde. Aber in den Wäldern lebte man als Mann. Die Gesetze des Lebens waren wieder sichtbar. Jeder Tag war eine Herausforderung, und sie nahmen diese Herausforderung an, um dafür, in seltenen Augenblicken, die herbe Freude der Freiheit zu spüren. Die Freiheit in den Wäldern war hart und unerbittlich. Aber sie formte einen Menschenschlag, der aus Männern bestand. Sie waren nicht für die Gesellschaft gemacht, nicht für die Fragen und Probleme der Zeit. Sie waren Außenseiter, und wie ihr Leben, so war ihr Tod; die Natur bedeckte ihn mit ihrem großen Schweigen.

Belaney ging weiter als sie. Er versuchte, ganz einzutauchen in das Leben der ersten Zeiten, die Vergangenheit wiederzugewinnen, von der die Menschen in den

Städten manchmal noch einen Hauch in sich aufblitzen spürten, etwas wie ein flüchtiges Licht, das sie für Augenblicke beunruhigt und sie mit unbestimmter Sehnsucht erfüllt; und dann ist es erloschen. Ein Licht, ein Schatten, ein ferner Ton wie der Ton eines Horns über den Hügeln der Kindheit und vergangen und verloren wieder, ein Aufleuchten uralten Wissens, für einen Atemzug auftauchend und auch wieder verloren und für immer.

Die Indianer besaßen es noch. Sie waren besiegt und zerstört worden. Sie lebten ohne Zukunft, die alte Erde ihrer Jagdtage war ihnen genommen worden. Aber tief in sich besaßen sie die Erde noch, sie hatten noch das uralte Wissen jener Zeiten, in denen der Mensch Teil der Erde gewesen war, Teil von Fluß, Berg, See und Wald, lebend im gleichen Rhythmus, geborgen auf der Erde und im Zusammenhang mit dem All. Für die Weißen waren sie ein untergegangenes Volk, dessen Reste gepflegt und erhalten wurden. In Wirklichkeit waren sie, die einmal Herren des Kontinents gewesen waren, noch die einzigen, die auf der Erde lebten und von ihr wußten.

Belaney hatte sie in diesen Jahren gesehen. Er hatte sie aufgesucht in ihren entlegenen Lagern, und sie hatten ihn willkommen geheißen, zögernd zuerst und dann unbefangen, als spürten sie, daß er bei ihnen etwas suchte, was er sonst nicht finden konnte; als fühlten sie die tiefe Zuneigung dieses jungen Menschen, der sich kleidete und bewegte wie sie.

Gehörte er zu ihnen? Er war ein Fremder, er hatte nicht teil an ihrer Vergangenheit oder nur zu einem Teil; und von einem gewissen Augenblick an wurde ihm bedeutet, daß er ein Fremder sei.

Er hatte eine junge Ojibway-Indianerin getroffen, die in einem Lager auf der Bären-Insel, nicht weit von Temigami, lebte. Als er ihrem Vater erklärte, daß er sie heiraten wollte, wurde er stumm abgewiesen; es war, als würde eine Wand errichtet, die ihn für immer von denen trennte, bei denen er sein wollte. Er nahm Angela heimlich mit sich, und die Ehe wurde geschlossen. Er ging mit seiner jungen Frau nach Biscotasing im Gebiet von Algoma, in dem er von nun an als Trapper leben wollte; es war ein gutes Jagdgebiet.

Als er eines Tages in die Blockhütte zurückkam, die er gebaut hatte, war Angela nicht mehr da. Sie hatte das lange, einsame Warten auf ihn nicht mehr ertragen und war in die Wärme der Zelte auf der Bären-Insel zurückgekehrt. Er war allein und wußte, daß es zwecklos war, sie zurückzuholen. Er versuchte es, aber man bedeutete ihm, daß er im Lager der Objibways unwillkommen sei. Es war schwerer, allein zu sein, wenn vorher jemand dagewesen war.

»Weiße Männer, Rothäute, Halbblut«, schrieb er später, sich erinnernd, in seinem Buch »Das einsame Blockhaus«, »alle gehörten zur Bruderschaft der Freien. Geburt zählte gar nichts, jeder war soviel wert wie der andere. Sache eines Mannes ist es, ein Mann zu bleiben. Was einer war, glaubte, wie er hieß, woher er kam, alles Nebensache, solange er sein Essen selber kochen, ein Kanu, ohne umzuwerfen, durch jedes Wasser steuern und eine gute Männerlast über die Tagesstrecke schleppen konnte. Ferner mußte er in der Lage sein, unter allen Umständen und Verhältnissen ein Lager zu errichten, in der Gegend sich zurechtzufinden, mit einem Wort: zu zeigen, daß er sich nicht als Schutzbefohlener der anderen oder gar als Gegenstand einer Suchexpedition betrachtete. Sein Privatleben ließ die andern völlig kalt, wenn nur seine Geographie gut war. Willig mußte er dem Bruder in der Not von seinen Vorräten abgeben und vor allem seine Schulden bezahlen.«

In diese Bruderschaft der Wälder war Belaney eingetreten. Jesse Hood und Michelle waren die ersten gewesen, die ihm begegneten; andere waren dazugekommen, jeder von ihnen ein einzelner, der von keinem etwas wollte und jedem, der zu ihr gehörte, seine Hilfe gab. Jetzt, als Belaney nach Biscotasing ging, lernte er sie noch besser kennen. Die Zeit der Vorbereitung war zu Ende.

Für Touristen, die aber hierher erst selten kamen, mochte Biscotasing nur die Andeutung eines Ortes sein, ohne Straßen und Bürgersteig, mit einem Laden der Hudson Bay Company, der allen Niederlassungen der Gesellschaft in allen Teilen des nördlichen Kanada glich und in dem Trapper und Indianer alles kaufen konnten, was sie brauchten, und alles kaufen mußten, denn es gab kein anderes Geschäft; mit einer Sägemühle, ein paar Dutzend Holzhäusern, die über einen felsigen Hügel verstreut waren, und einem indianischen Lager in einer Bucht des Biscotasing-Sees. Doch für den Trapper des riesigen Bezirks war Biscotasing die Mitte seiner Welt, und es lag günstig, nicht weit vom Quellgebiet zahlreicher Flüsse und an der Tür zu Wasserstraßen, die nach Süden zum Huronen-See und zum Oberen See und nach Norden flossen. Nach Biscotasing kamen die Trapper im Frühjahr aus den Wäldern zurück, um die Rechnung des vergangenen Sommers mit Pelzen zu bezahlen, denn wie überall gab der Verwalter des Ladens der Hudson Bay Company, oft auch zugleich Vertreter der Regierung und Polizeichef, auf Kredit. Er kannte sie alle, und alle erschienen mit dem Frühling bei ihm, um die Beute des Winters einzutauschen und ein paar Wochen lang zu leben. Alle kamen, ausgenommen jene, die eben nicht mehr auftauchten. Die Wälder waren stumm, sie sagten nicht, wie jemand gestorben war. Doch die anderen lebten, und jetzt, die Rechnung bezahlt, Geld in der Tasche, warfen sie die Stummheit des langen Winters ab, tranken, redeten, schrien und sangen oder schossen ihre frei gewordene Kraft in die Luft. Sie waren gute Kompanie für den, der zu ihnen gehörte, ihre Sprache verstand, ihren Witz begriff; und Belaney, den sie als Halbblut annahmen, gehörte zu ihnen. Dann, nach einem kurzen, maßlosen Ausbruch, kauften sie ein, was sie für den Herbst und Winter brauchten, und kehrten in die Wälder zurück, um neue Jagdgründe aufzusuchen.

Und wie sie alle, Mitglieder einer Bruderschaft, in die man nicht gewählt wurde, sondern zu der man gehörte, wenn man Jahr um Jahr in den Wäldern war, so lebte Belaney im Rhythmus des Jahres der Waldläufer. Im Sommer fuhr er im Kanu auf den Flüssen, trug Boot und Lasten über *portages,* um Stromschnellen zu umgehen, und suchte nach dem Jagdgrund des Winters. Dann ging er nach Biscotasing zurück, kaufte auf Kredit, was er brauchte, Bohnen, gesalzenes Schweinefleisch, Tee, Zukker, Milch, Tabak, Munition, und fuhr zurück, um für Herbst und Winter allein zu leben.

Die guten Zeiten, von denen alte Trapper manchmal sprachen, waren auch hier vorbei. Das Wild war nirgends mehr in unbegrenzter Fülle vorhanden, der Trapper mußte oft drei- und vierhundert Kilometer fahren, flußaufwärts staken, seine Ausrüstung über Land schleppen, um einen Jagdgrund zu finden, der ihm ausreichend erschien.

Wenn er angekommen war, fällte er Bäume, baute seine Blockhütte, die *cabin,* stellte die Fallen auf und brachte Proviant zu entlegenen Stellen, an denen er dann sein Zelt aufschlagen konnte, wenn er vom Sturm und Schneefall überrascht wurde. Das alles mußte getan werden, ehe der erste Schnee fiel. Er war Tag und Nacht allein unterwegs. Dann kam der Winter, und seine Arbeit fing an. Er mußte die Fallen nachsehen und oft genug aus dem Schnee ausgraben. Besaß er Hunde, schirrte er sie an den Schlitten und lud Zelt, Decken, Proviant auf; sonst mußte er den Schlitten allein ziehen, und dann konnte er nur das Nötigste an Ausrüstung mitnehmen. Ehe es dunkel wurde, mußte er den Lagerplatz für die Nacht erreicht haben. Der Schnee wurde weggeschaufelt, der Grund festgestampft, Zweige wurden ausgebreitet. Er fällte Holz für das Feuer und kochte sein Essen und den Tee, und erst dann, nach einem Tage anstrengenden

Gehens, konnte er am Feuer liegen, seine Pfeife rauchen, heißen Tee trinken. Hunger, Sturm, das erschöpfende Einsinken in tiefen Schnee, unzählige und unerwartete Widrigkeiten, die der Geist des Nordens ihm in den Weg warf, um den Trapper zu ermüden und zum Aufgeben zu zwingen, waren dann vergessen, und er wußte, daß dies das wirkliche volle Leben war. Und da keiner da war, mit dem er hätte sprechen können, wurde das Feuer zu einem Freund, und der Becher voll Tee schenkte mehr als Wärme. Dann kam der Schlaf, doch nicht das dunkle Ausgelöschtsein der Stadt, sondern ein dünnes, waches Ruhen, in dem ein Teil des Schlafenden die Stille zu beobachten schien und jeden Laut der Nacht wahrnahm. Noch in der eisigen Finsternis war der Geist des Nordens unterwegs, der jeden Eindringling haßte.

Und wie sie alle, die als Trapper allein in den Wäldern lebten, lernte Belaney, Widerstände mit Umsicht, Ausdauer, Intelligenz zu bezwingen, Unerwartetes nicht zu fürchten, schwierige Lagen mit einer Art von Humor anzusehen, so daß er nicht in Gefahr kam, sich selber zu bedauern und darüber zu lachen, obgleich keiner da war, der es hätte hören können. War wirklich keiner da? Folgte ihm nicht jemand auf Schritt und Tritt, stand nicht unablässig einer hinter den Bäumen, kauerte hinter Schneewehen, lauerte unter trügerischem Eis? Der Geist des Nordens war überall. Er war es, sagten die Indianer, der das Kanu in Stromschnellen umstürzte, das Eis der Seen, die man überquerte, splittern und den Schlitten einbrechen ließ. Der Winter war seine Zeit. Er wußte, daß die Männer, die in seine Wälder eindrangen, zu einer besonderen Rasse gehörten. Ihre Sinne waren scharf und wach, ihre Körper ausdauernd und zäh. Sie waren einsame Späher in einem Niemandsland, die nur sich selber vertrauten. Der Geist des Nordens kannte sie. Er hatte gesehen, wie ein Mann, der sich selber in einer Bärenfalle gefangen hatte, den starken Stamm, an dem die Falle befestigt war, mühsam mit seinem Jagdmesser durchschnitt, eine Schlinge band, um das von der Falle umschlossene und zerfetzte Bein über dem Boden zu halten, sich ein Paar Krücken zurechtbrach und dann zur nächsten Siedlung kroch, Stunde um Stunde, um in der Nähe des ersten Hauses zu sterben.

Jeder von ihnen hätte Geschichten dieser Art erzählen können, denn jeder hatte Erfahrungen gemacht, die Menschen der Stadt auslöschten. Aber keiner von ihnen gab das Leben des Trappers auf.

Belaney kannte einen Mann, der während eines Winters nur Unglück gehabt hatte. Die Biber wichen seinen Fallen beharrlich aus, und er fand Kaninchen darin. Der Kolben seines Gewehres zersprang. Ein Wolkenbruch schwemmte sein Zelt und die gesamte Ausrüstung fort. Durch einen Axthieb verwundete er sich am Fuß. Schließlich fraß einer seiner Hunde die Knochen von einem der wenigen Biber, die er gefangen hatte; das bedeutete noch mehr Unglück, denn ein uralter indianischer Brauch, dem auch weiße Trapper folgten, verlangte, daß Kadaver und Knochen eines getöteten Bibers in das Wasser zurückgeworfen wurden, aus dem er gekommen war. Der Trapper verließ den Wald. Im nächsten Jahr ging es ihm nicht besser. Ein Bär zerschlug sein Kanu, das er an einer Stelle zurückgelassen hatte, um nach dem Weg zu suchen. Das war genug, er gab auf und eröffnete in einem kleinen Ort eine Bäckerei.

Belaney traf ihn dort, und ehe er den Ort verließ, wollte er ihm Lebewohl sagen. Es war Herbst, die Sonne hatte schon ihre Wärme verloren, aber das Licht war rein und klar. Belaney gab dem Trapper, der Ladenbesitzer war, die Hand; und in diesem Augenblick wehte ein Windhauch zu ihnen, von irgendwoher, vom See, der in tiefer Stille lag, von den schimmernden Hügeln; ein paar Herbstblätter sanken zu ihren Füßen. Der Mann starrte auf die Blätter, und plötzlich sagte er: »Ah, zum Teufel mit dem ganzen Leben hier. Gib mir ein Gewehr, ich gehe mit dir.«

So waren sie alle. Der Geruch eines Feuers im Herbst, der Blick auf ein Kanu, und sie gingen zurück in die Wälder. Sie verließen die Zeit, in der es Bahnen, Gruben und das hungrige Rennen nach Erfolg gab, und suchten jene Zeit auf, in der ein Mann allein gegen die Natur stand, unbelohnt, wenn er siegte, allein, wenn er verlor, und immer ohne Profit. Sie folgtem dem *trail*.

Und wie sie alle, John Buffalo, Big Alec, White Duck, von denen draußen niemand wußte, die aber unter Trappern und Bootsleuten geachtet wurden, folgte Belaney dem Pfade, oft allein, manchmal mit einem weißen oder indianischen Gefährten, und der Pfad wurde der Inhalt seines Lebens, der lange einsame Weg zu allen Zeiten des Jahres. Er ging ihn bei Tag und Nacht, und nachts unterwegs zu sein, das war, als kehrte man in die ersten Zeiten zurück, zu barbarischer Wildheit, zu Freiheit voller Geheimnis, vor der die Freiheit des Tages verblaßte.

Die Aufmerksamkeit des Trappers war immer wach; nichts entging ihm. Da waren plötzlich Fußspuren im Schnee. Wer war vor ihm hier gegangen? Monatelang hatte er keine menschliche Spur gesehen, keine Stimme gehört, mit keinem gesprochen. Wer war es – ein Indianer? Doch seine Spur war anders. Dann, nach Stunden, roch er den Rauch eines Feuers; er fand es und sah einen Mann daran sitzen; es war der alte Bill von den »Hügeln der Weißen Katzen«. Er war gerade von unten, aus Kanada gekommen, und hier trafen sie sich, im Herzen der Einsamkeit. Bill hatte keine großen Neuigkeiten mitgebracht; aber er teilte mit Belaney ein paar Tafeln Schokolade, und sie aßen und redeten eine Weile. Dann stand Bill wortlos auf, lud seine Sachen auf den Schlitten, schlüpfte in die Schneeschuhe, und mit einem Winken der Hand zu Belaney hin ging er davon und zog seinen Schlitten nach Norden. Würden sie sich je wiedersehen? Vielleicht; sie fragten nicht danach.

Belaney stand am Feuer und sah ihm nach. Er sah den alten Mann gehen, etwas nach vorn gebeugt, und er konnte ihn noch sehen, als er längst entschwunden war, wie er im Unbekannten dahinwanderte, über Seen und durch Wald und verschneite Hügel empor, tiefer in das Reich des Nordens, unbekannt, unbelohnt.

Dann löschte er das Feuer sorgfältig aus, und auch er ging davon in das Unbekannte, ein Waldläufer, ein Späher im Schweigen.

Tag für Tag

Draußen, fern, war die Welt. Es war das Jahrhundert der Humanität, und so folgte ein Krieg dem andern. In Rußland zitterte die Erde und kündigte Erschütterungen an. In China brach eine Revolution aus. Throne stürzten, Kronen fielen herab wie Spielzeug, Republiken entstanden. Italien besetzte Tripolis. Die Länder des Balkans erschöpften sich in zwei Kriegen. Die Großmächte rieben sich einander, die Politik der Vereinigten Staaten wandte sich langsam der Welt zu. Es war das Jahrhundert der Eroberung des Raumes. Blériot überflog den Ärmelkanal, Zeppelin baute Luftschiffe, Amundsen erreichte den Südpol, und Scott schrieb seine letzten Worte in eisiger Einsamkeit. Es war ein Jahrhundert der Wissenschaft. Radium, Polonium, Helium wurden entdeckt, die Lehren von der Radioaktivität und die Quantentheorie wurden entwickelt. Freud öffnete die Abgründe des menschlichen Bewußtseins, und Einstein warf gelassen die Relativitätstheorie in die Zeit.

Mit furchtgemischten Hoffnungen ging die Welt vorwärts.

Doch im Lande des Nordwestwindes, in Keewaydin in Kanada, jenseits der Wasserscheide, waren die Tage rund und voll wie am Anfang der Zeiten. Die Stürme trugen keine Geschichte, der Schnee fiel ohne Widerspruch, der Frühling kam ohne Aufforderung in die Wälder. Die Biber bauten ihre Dämme, Hirsch und Elch zogen frei durch die Wildnis. Luchs, Bär und Wolf lebten wie je nach dem Gesetz der Natur, und der Trapper folgte ihnen.

Belaney jagte Wild, um zu leben, und stellte seine Fallen. Im Frühjahr kam er aus den Wäldern, um in Biscotasing seine Pelze einzutauschen, die Rechnung des vergangenen Jahres zu begleichen und einen Augenblick lang im Zusammensein mit anderen Trappern tief zu leben. Ab und an kam ein Hauch der Welt auch zu ihnen, Nachrichten von Ereignissen, die draußen schon wieder vergessen und von anderen Ereignissen verschüttet worden waren.

Es war Jahre her, seit er als unwissender Neuling in die Wälder gekommen war, und Jahr um Jahr hatte er sich tiefer in ihre Fülle und Härte eingelebt. Erfahrung wuchs ihm noch immer jeden Tag zu. Er jagte den Elch, und wenn er ihn im Schuß fallen sah, durchzuckte ihn manchmal ein Gefühl des Bedauerns, daß er die stolze Freiheit des Wildes zerstörte, und zuweilen ließ er sein Gewehr sinken und empfand eine brüderliche Freude, wenn der Elch durch den Wald brach wie durch eine grüne Flut. Er verirrte sich und fand Pfad und Lager wieder. Stromschnellen stürzten sein Kanu um, und er rettete das Boot und sich. Er wurde von Wölfen gehetzt und stellte sie.

Ab und an unterbrach er sein Leben als Trapper und arbeitete wieder als Träger und Bootsmann für Vermessungstrupps oder als Führer von Jägern. Mississauga, Weißer Fluß, Spanischer Fluß, er kannte sie alle, die Flüsse des Nordlandes, die so eigentümlich glatt flossen und ihre Härte verbargen. Sie zerrten die Kraft aus den Adern; sie zwangen die Männer, Lasten von zwei- und dreihundert Pfund über *portages* zu tragen, immer wieder, bis die Kanus wieder beladen werden konnten und sie dahinglitten bis zum Abend, und dann kam die Ruhe mit dem Schein des Feuers, und der Tag war lang und gut gewesen.

Ein anderer Tag. Eine Stimme zerschlug Stille und Schlaf. Boyd Mathewson, der Führer der Kanu-Brigade,

Mississauga

die aus vier und mehr Booten bestehen konnte, weckte das Lager gegen vier Uhr. Wenn das erste Licht kam, begann nach einem kurzen Frühstück der Tag. Zwei Mann saßen in einem Kanu. Die Paddel tauchten ein, der Rücken beugte sich vor, bewegte sich zurück, gleichmäßig glitt das Kanu durch die Frische des Morgens, die sich bald verlor, und dann wurde die Sonne zu einer den Himmel füllenden riesigen Kugel. Die Seen, über die sie fuhren, waren wie glühendes Glas.

Die erste *portage*. Die Kanus wurden zum Ufer gebracht und entladen, und sie trugen die Lasten durch den stummen Wald mit dem schweren Duft der Tannen. Dann wurden die Kanus wieder beladen. Plötzlich fing eine Stimme zu singen an, und alle fielen ein. Sie fühlten sich wohl, und die rasche, gleichmäßige Bewegung der Kanus entzündete in ihnen Freude an diesem kraftvollen, schweißgetränkten Leben, das sie für nichts hergegeben hätten. So waren die *voyageurs* der französischen Zeit dahingefahren, und wild und lachend hatten sie gesungen:

> *Tu es mon compagnon de voyage!*
> *Je veux mourir dans mon canot...*
> *Le laboureur aime sa charrue, le chasseur son*
> *fusil, son chien,*
> *Le musicien aime sa musique;*
> *Moi, mon canot est tout mon bien...*

Mittags war für eine Stunde Rast, und Gus, der Koch, ein Deutscher, buk aus Mehl, Salz und Backpulver Pfannkuchen. Dann wurde das Feuer sorgfältig gelöscht; sie wußten, was ein Waldbrand bedeutete.

Über kleine, ruhige Seen, vorüber an Plätzen, die von Legenden umkränzt waren. Da waren die Trümmer einer aufgegebenen Niederlassung der Hudson Bay Company, da, an einer felsigen Stelle des Ufers, tanzten im Mondlicht die indianischen Elfen. Vorüber an verborgenen Lagern indianischer Banden, und immer die große, summende Stille, in der das Eintauchen der Paddel unwirklich klang.

Abend und das Lager in einem Gehölz mächtiger Rotfichten, deren Stämme im Schein des Feuers wie Säulen standen, und die Kronen waren eins mit der Nacht, als sei die Finsternis selber die unermeßliche Krone eines Baumes, in dessen Frieden sie sich ausstreckten.

Dann rauchten und erzählten sie. Red Landreville war voll von Geschichten aus der Welt, in der sie lebten, und jeder von ihnen konnte Geschichten erzählen, sie selber waren eine einzige lange und noch nicht zu Ende gebrachte Erzählung von einsamem Abenteuer, Anstrengung und immer unerwartetem Zwischenfall. Da war Augustus, der von jedermann Geld borgte und es großzügig nach allen Seiten auslieh, Musho, ein alter Indianer, der kaum Englisch sprach und von allen mit Mister angeredet wurde: Zépherin mit einer Stimme, hallend wie ein Nebelhorn, und einem Händedruck, von dem man sich schwer erholte; Nikolas mit dem ruhig abwägenden Blick, der kaum etwas sagte und von dem erzählt wurde, daß er, gefragt, was er für einen besonders anstrengenden Marsch brauchte, geantwortet habe: nichts; Charlie Dougal, Jimmy L'Espagnol, der Sohn eines Indianers, der die Wildnis kannte wie keiner. Mit ihm zusammen hatte Belaney an einem Tag neunzig Kilometer im Kanu zurückgelegt und sechzehn *portages* überwunden, von denen die meisten bis zu einem Kilometer lang waren.

Das waren die Männer, mit denen Belaney in diesen Jahren lebte. Mit ihnen teilte er alles. Es waren Männer, die mit einem Fluch oder einem Lachen untergingen, wenn sie alles getan hatten, um sich aus tosenden Stromschnellen zu retten. Mit Gelassenheit nahmen sie das Ende an, da es ja irgendwann kommen mußte.

Und die Flüsse des Nordens glitten dahin, schossen über Felsen und dröhnten durch ihre Tage, und nachts umrauschten sie ihren Schlaf, die ungezähmten Wasser der Wildnis, einsam wie der Wald, die Felsen, die Tiere, einsam, ungebrochen und stolz wie die Männer der Kanu-Brigaden. Jeder dieser Flüsse hatte sein eigenes Wesen, seine Launen, seine besondere Schönheit, der Weiße Fluß, White Duck und der von uralten indianischen Geistern umschwebte Mississauga.

»Der Mississauga ist nicht irgendein Strom«, so erinnerte sich Belaney später in dem Stück »Requiem« des Bandes »Das einsame Blockhaus«, »sondern ein König unter den Flüssen. Vielleicht läßt es sich am besten mit einem orientalischen Herrscher vergleichen, der seine wilden Horden über ganze Kontinente schickte. Denn das tut der Mississauga auch, er, der große Wasserspender. Brausend und schäumend stürzt er zwischen steilen Felswänden dahin und reißt sich einen über dreihundert Kilometer langen Pfad durch das Waldland. Ein vierhundert Quadratmeilen umfassendes Gebiet zahlt ihm Tribut. Der ungezähmte, herausfordernde, arrogante Strom hat einem ganzen Land seinen Namen aufgezwungen. Viele Tage wandert man im Kanu und auf Tragwegen kreuz und quer durch ein verwickeltes Netzwerk von Strom, Seen und Wäldern, Flüßchen und Bächen und befindet sich noch im Machtbereich des Mississauga. Der Mann, der das ganze Gebiet kennt, ist noch nicht geboren. Es gibt Winkel, Teiche, Seen, Wasserläufe und Wälder, die noch keines Menschen Auge gesehen hat.«

Der Strom hat seine Stimmungen wie alles Lebendige. Keine Strecke gleicht der anderen. Einmal flutet er düster, kraftvoll und schnell durch das Bergland; beim Austritt gerät er in Zorn und wird zu einem wütenden, alle Widerstände niederreißenden Strom, zerrt wie toll an den Ufern vorbei und teilt sich plötzlich in viele muntere kleine Bäche. Oft zieht er langsam, sorglos murmelnd oder schläfrig seine Bahn, wird stiller und stiller, bis die Strömung ganz aufhört und die Wasser sich in friedvolle, mit Inselchen gesprenkelte, buchtenreiche Seen ausbreiten.«

Dann war der Sommer vorbei; die Arbeit auf Flüssen, Seen und *portages* getan, und der Herbst wärmte sich an der Asche des Feuers, das der Sommer zurückgelassen hatte. Die Blätter flammten und sanken, der Zauber erlosch; der Winter kam.

Im Sommer 1914 arbeitete Belaney als Forsthüter im Dienste der kanadischen Regierung und gehörte zu einer der vielen Gruppen, die Waldbrände bekämpften. Die sommerlichen Feuer waren eine Tragödie, in der jedes Jahr riesige Strecken besten Waldes vernichtet wurden. Eine weggeworfene Zigarette, eine ausgeklopfte Pfeife, ein nachlässig gelöschtes Feuer, und der zundertrockene Wald brannte. Ganze Siedlungen waren in Waldbränden verschwunden. Die Lager bei den Gruben von Porcupine und Golden City waren von der Flamme überrannt worden; Hunderte waren gestorben. Belaney war Zeuge des Untergangs von Golden City gewesen. Dreißig Kilometer von dem Ort entfernt, hatte er das Fressen und Krachen des Brandes gehört. Über dem See lagen schwarze Wolken, der Tag wurde zu beißender Dämmerung, in der ein Fremder den Weg verlor. Die Menschen flohen vor dem Feuer in den See bei dem Ort, standen im

Wasser und tauchten immer wieder unter, um der Hitze standzuhalten. Die Schienen der Bahnstrecke schmolzen, so daß der Hilfszug nicht durchkam. Belaney hatte mit anderen nach Toten gesucht und die verkohlten Leichen von Prospektoren und Trappern gefunden, die am Boden entlanggekrochen waren, die Hände vor dem Gesicht. Das Feuer war wie glühender Sturm mit fünfzig Kilometern in der Stunde durch die Wälder gerast und hatte eine schwarze Wüste zurückgelassen.

In jenem Sommer arbeitete Belaney mit einer Gruppe von Indianern. Sie durchstreiften die Wälder, um jede Feuerwarnung sofort weiterzugeben und Brände möglichst im Keim zu ersticken.

Eines Abends, als er vom Lager in den benachbarten Ort gehen wollte, hielt der Leiter der verschiedenen Gruppen ihn zurück und sagte ihm, daß in einem Gebiet, das Belaney kannte, Rauch festgestellt worden sei. Am gleichen Abend kam ein Indianer in das Lager, um den genauen Ort des Feuers mitzuteilen; er war fünfzig Kilometer im Kanu gefahren. Das Feuer fraß sich von Süden und Westen auf Belaneys alten Jagdgrund zu. Es war ihm, als brenne sein eigenes Haus nieder.

Am nächsten Morgen brach eine Gruppe von Indianern und eilig zusammengerufenen Helfern zum Ort des Feuers auf. Am Abend konnten sie, noch zwölf Kilometer entfernt, das sausende und knisternde Fressen der Flammen hören, und der Himmel glühte. Am nächsten Tag waren sie in der Nähe des Feuers, das wie Donner rollte. Zwischen ihnen und dem Feuer lag ein Berg; sie arbeiteten sich an seinem Fuß einen seichten Fluß empor. Funken und brennende Äste wehten durch die heiße Luft. Baumstämme versperrten die Fahrt. Die Indianer waren stumm.

Dann traf der Leiter der Gruppe, beraten von Belaney, seine Anordnungen und teilte die Leute ein. Belaney sollte mit zwei Cree-Indianern den Berg bewachen, an dessen Fuß ihr Lager aufgeschlagen worden war. Auf der Höhe des Waldberges angekommen, trennten sich die drei, um das Feuer von verschiedenen Punkten her zu beobachten.

Belaney war allein. Er war in seinen alten Jagdgrund zurückgekommen, und jetzt war alles verändert. Hier war er für Tage allein gegangen, in der Stille des Winters hatte er seine Fallen gestellt, und nachts hatte er unter dem großen Himmel gelegen oder die Wärme seiner *cabin* genossen. Er war nicht der Besitzer dieser Wälder, und doch gehörten sie ihm mehr als jedem anderen, und jetzt sah er mit Trauer und Zorn, wie ein Teil seines Lebens in Asche sank.

Plötzlich sah er einen Bären, der durch den Wald rannte, um zum Fluß zu kommen. Kaninchen schossen an ihm vorbei. Die Hitze nahm zu, das Donnern wuchs, er kam sich wie taub vor. Ein Rebhuhn schwirrte gegen einen Stamm und fiel verbrannt zu Boden; er tötete es. Dann hörte er in dem schweren rollenden Ton des Feuers einen scharfen Unterton und sah schon links und hinter sich das Feuer am Boden kriechen, schnell, fressend, züngelnd, und dahinter richtete sich eine Mauer von Flammen auf. Er war im Feuer gefangen, und die Flammen waren jetzt auf drei Seiten. Die schweren Stiefel, die er statt seiner Mokassins trug, hemmten ihn, er rutschte, fiel, rannte, stürzte. Es war Mittag, doch der Tag dunkel wie Dämmerung; nur in der Nähe des Feuers war fressend scharfes Licht.

Er floh vor dem Feuer, aber er war nicht sicher, wohin er fliehen sollte. Dann sah er ein paar Rebhühner. Ihnen mußte er folgen. Er zerrte und riß sich durch dicht zusammenstehende Zypressen. Der Rauch kam immer schneller nach, die Hitze saß schon in ihm, er fühlte sich leicht, leer, als wäre er eine Hülle, und diese Hülle trug er weiter, ohne zu wissen, wo er war, aber er konnte nicht mehr weit vom Lager sein. Was war aus den beiden Indianern geworden? Dann war er am Osthang des Berges und atmete für einen Augenblick; er wußte, daß das Feuer bergabwärts langsamer brennen würde. Das Lager wurde schon abgebrochen, und als er unten ankam, fand er einen der Cree-Indianer im Kanu sitzen und auf ihn warten.

Nicht weit vom Lager zog sich ein Biberdamm durch den Fluß. Sie paddelten durch das tiefere Wasser, zerrten das Kanu an Land und trugen es über eine *portage* zum See. Wenn der Wind nicht umschlug, war das ganze Gebiet verloren, und sie brauchten Hilfe. Der Leiter der Gruppe und ein Mann fuhren zurück, um Verstärkung zu holen. Das Feuer war schon über den Fluß gesprungen, der Wald brannte auf beiden Seiten. Brennende Stämme stürzten ins Wasser. Die Hitze war jetzt unerträglich, sie hoben das Kanu über ihre Köpfe und gingen im Wasser. Ein Elchbulle lag mit verbranntem Fell im Fluß und beachtete sie nicht. Tote Tiere trieben dahin.

Unter den Indianern der Gruppe war ein alter Mann. Er hatte eine indianische Trommel bei sich, die anderen Indianer schienen ihn mit Verehrung zu betrachten. Aber er arbeitete nicht, jetzt, wo jede Hand gebraucht wurde, und der Leiter der Gruppe bat Belaney, den Alten zu fragen, warum er nicht arbeite. »Kleines Kind«, das war sein indianischer Name, antwortete ruhig, er habe hier etwas anderes zu tun. – Aber sie seien doch hier, sagte der Leiter, das Feuer zu bekämpfen. – Der alte Mann sagte ruhig und gelassen, als spräche er zu einem Kind, das nichts verstand, daß er nicht hier sei, das Feuer zu bekämpfen, sondern um es auszulöschen. – Der Leiter fragte, was er damit meine. – »Warte ab«, sagte der alte Indianer, »und du wirst sehen.«

Am nächsten Tag verließ er die Gruppe und nahm nur seine Trommel mit. »Ich gehe jetzt«, sagte er, »um das Feuer auszulöschen. Vielleicht wird es zwei Tage dauern, vielleicht drei. Warte ab, und du wirst sehen.« Dann ging er fort, und zwei Nächte lang hörten sie ohne Unterbrechung den dumpfen Ton der Trommel. Manchmal war es ihnen, als könnten sie eine Stimme hören, fern und unwirklich, als spräche die Nacht. Was das Ganze bedeuten sollte, fragten die Weißen der Gruppe. Die Indianer lauschten stumm.

Am dritten Tag, gegen Mittag, kam der alte Mann zurück, tat die Trommel in einen ledernen Behälter und bat um etwas zu essen. Als er gegessen hatte, sagte er, daß er jetzt schlafen wolle und daß in der Nacht Regen kommen würde. Seine Arbeit war getan.

Um Mitternacht hörten sie das Fallen der Tropfen, das Rieseln wurde zum Fallen, wurde zum Strom. Das Feuer starb.

Dieses Feuer war erloschen. Doch draußen in der Welt, von der Belaney und die anderen kaum wußten, hatte sich ein anderes Feuer erhoben. Der Weltkrieg war ausgebrochen. Andere Trommeln dröhnten, andere Flammen fraßen sich durch die Länder, anderer Rauch trübte die Blicke.

Im Herbst 1914 kam die Nachricht vom Kriege in die verlorenen Siedlungen und Blockhütten der kanadischen Wälder. Kanada war Teil des britischen Empire, und so hatten auch sie mit dem Krieg zu tun. Belaney meldete sich und ging mit dem kanadischen Expeditionskorps als

Scharfschütze nach Frankreich. Er verließ die Wälder, die Flüsse, den Pfad, alles, was ihm teuer geworden war. Er verließ die reichen, vollen Jahre der Wildnis und trat in eine andere Wildnis ein. Er kehrte in die Welt zurück, aus der er einst gekommen war, und verlor sich im Flammenschein. Die Trommel des alten Indianers konnte dieses Feuer nicht auslöschen.

Wunden

In Biscotasing hatte sich kaum etwas verändert. Der kleine Ort besaß noch immer das Zufällige der Siedlungen in den kanadischen Wäldern. Unmittelbar hinter den auf einem Felsrücken verstreuten Häusern lagen noch immer die Wälder in der Ruhe der ersten Tage. Die Flüsse, die in der Einsamkeit nach Norden und Süden rannten, konnten weder verwundet noch vergiftet werden. Nichts konnte dem Mississauga seine Würde nehmen.

Hier waren seine Tage rund und voll gewesen. Sie waren wie Früchte gewesen, die er bis zum letzten Tropfen ihres herben Saftes ausgepreßt hatte. Anstrengung und Erschöpfung waren wirklich gewesen, doch auch die Freude.

Belaney war zurückgekommen. Waldbrände erloschen, wenn genug Helfer da waren oder wenn rechtzeitig Regen fiel, aber das Feuer des Krieges schien die ganze Welt ausbrennen zu wollen. Er war ihm entronnen. Die Armee hatte ihn entlassen und nach Hause geschickt, als er 1917 an einem Fuß verwundet und durch Gas vergiftet worden war. Nach Hause ... wohin anders als nach Biscotasing; sie hatten es Bisco genannt. Wenn er je eine Bestätigung dafür gebraucht hätte, daß das Leben in den Wäldern das einzig redliche und wirkliche Leben gewesen war, dann hatte er sie in diesen Jahren unaufgefordert erhalten. Jetzt wußte er auch, daß er nie mehr in die Welt draußen zurückkehren würde, die zu einem Narren- und Totenhaus geworden war und die ihn krank und verwundet beiseite geworffen hatte. Er hatte an ihrer Narrheit teilgenommen; er war ein Scharfschütze gewesen und hatte getötet.

Jetzt waren die Tage nicht mehr rund und voll. Sie waren eine Kette von toten Stunden, an der er sich dahinschleppte. Er war krank, und die ihn gekannt hatten, sahen, daß er nicht mehr Archie Belaney war, ein Jäger, Bootsmann, Waldläufer wie wenige, ein immer hilfreicher Freund. Er war verschlossen, gereizt, bitter, brauste ohne jeden Anlaß auf, wich allem aus, was mit Obrigkeit und mit Menschen überhaupt zu tun hatte, scheu wie ein verlassener und getretener Hund. Teilnahmslos saß er bei alten Freunden herum und hockte in seinem billigen Zimmer und hörte die Musik von Schallplatten, die er zu Dutzenden kaufte. Sie alle hatten einen Belaney gekannt, der gelassen und frei in jedem Frühjahr aus den Wäldern zurückgekommen war, mit ihnen getrunken, gesungen und, erstaunlich für ein Halbblut, Klavier gespielt hatte.

Die Welt war nicht mehr, die sie gewesen war; und er war es nicht mehr. Er war krank. Alle, die aus einem Krieg zurückkamen, waren krank, für lange Zeit oder für immer. Sie hatten zuviel Tod, zuviel zerfetztes menschliches Fleisch gesehen, um jemals wieder ungebrochen an menschliche Wahrheiten zu glauben. Er war verwundet und nicht nur am Fuß, und der Deutsche, der ihn getroffen hatte, hatte nicht wissen können, was Füße für einen Mann in den Wäldern bedeuten. Er war vergiftet und nicht nur durch Gas. Er sah auf seine Hände und wußte, daß es die Hände eines Totschlägers waren, wie immer er auch diese Art von Totschlag rechtfertigen und entschuldigen wollte; und jetzt fiel ihm manches ein, was von den Tagen bedeckt worden war.

»Heute tötete ich einen Luchs, und ich wünschte, ich hätte es nicht getan. Sein Pelz ist nur zehn Dollar wert, und er hatte mir nichts getan, und wie er mich ansah – ich kann das nicht vergessen.« Diese Sätze standen in einem bewegenden Stück in dem Band »Das einsame Block-haus«. Er hatte es »Ein Brief« genannt und darin Erinne-rungen an die erste dunkle Zeit nach der Rückkehr aus dem Krieg in der Form eines Briefes an eine englische Krankenschwester niedergeschrieben.

Er war ein Jäger gewesen, der vom Wald lebte. Doch nicht zum erstenmal in allen diesen Jahren hatte er Mit-leid mit einem Tier gehabt, das er schoß. Sie alle, die als Trapper in den Wäldern waren, lebten in geheimem Ein-verständnis mit dem Wild, das ein Teil der Natur war wie die Bäume, Flüsse und die Jäger selber. Manchmal, wenn ein Elch im Schuß zusammenbrach, dachten sie: Ich habe dich getötet, weil ich Fleisch brauche, aber du bist mein Freund. Ich weiß, wer du bist, schönes, stolzes Tier, und so lasse ich dich wenigstens nicht leiden wie die Sonntagsjäger, die von Tieren nichts wissen.

Er konnte sich an einen Trapper erinnern, der zu ihm gekommen war und ihn gebeten hatte, ihm zu helfen, um einen Biber aus der Falle zu holen, an der sich der Stein, der den Biber ertränken sollte, gelöst hatte. Bela-ney ging mit ihm. Dann bat ihn der andere, er möchte allein gehen, er könnte das Tier nicht noch mehr leiden sehen. Das Biberweibchen zerrte stöhnend an der Falle, die einen der Vorderfüße umschlossen hielt; mit dem andern preßte es ein Junges dicht an die Brust. Belaney öffnete behutsam die Falle, und der Biber ließ es gesche-hen, ruhig, ohne ihn zu beißen. Dann trennte er mit einem Hieb seiner Axt den zerschmetterten Fuß ab, und der Biber fing sofort an, das Blut zu saugen, das aus der Wunde floß. Dann schleppte er sich langsam zum See, aber er kam zurück, um das Junge zu holen, das unterdes zu Belaney hingekrochen war und an seinen Mokassins nagte, und er hatte einige Mühe, es zum Wasser zu locken, damit es wieder bei der Mutter war. Der andere Trapper hatte zwar einen wertvollen Pelz verloren; aber er gestand, daß ihm die Tränen gekommen waren, als er das Biberjunge an der Brust der Mutter gesehen hatte.

Sie waren Trapper und fingen Biber, Luchse und andere Pelztiere, wie es die Indianer taten. Aber noch die weißen Jäger warfen Knochen und Fleisch erlegter Biber in das Wasser zurück, um die Toten dem Reich, aus dem sie gekommen waren, zurückzugeben, und viele von ihnen hingen bestimmte Knochen gejagter Bären in kleinen Beuteln an Bäumen auf, den Geist des Nordens um Verzeihung zu bitten. Auch der Tod war Teil des Lebens in den Wäldern und stand in tiefem Zusammenhang mit dem Leben.

Belaney war zurückgekommen. Er hatte in Gräben gelegen, überdacht vom Trommelfeuer. Er hatte auf Menschen geschossen, die er nicht kannte, und Unbekannte hatten ihn zum Krüppel gemacht. Die Welt draußen war für ihn abgetan, und nun hatte er sich auch endgültig von seiner englischen Vergangenheit gelöst. Er war noch einmal in sie eingetreten. Er war in Hastings gewesen.

Als er nach Kanada gegangen war, hatte er Kindheit und Jugend verlassen, um ein Abenteuer aufzusuchen, von dem er noch nichts wußte. Jetzt, nach mehr als zehn Jahren, hatte er seinen beiden Tanten Ada und Carrie Belaney aus einem englischen Lazarett geschrieben; dort fanden sie ihn, verwundet, vergiftet, einen Mann, in dem sie kaum noch den Neffen erkannten. Er war verbittert, weil er nie mehr so würde leben können, wie allein er leben wollte, und fühlte sich von den kanadischen Wäldern, seinem Zuhause, getrennt.

Zehn Jahre waren vergangen. Andere Leute seines Alters hatten Karriere gemacht und waren Geschäftsleute, Bankbeamte, Lehrer geworden. Er hatte sich von der Gesellschaft getrennt und war ein Trapper gewesen. Er konnte zu den Tanten kaum über sein Leben sprechen, aber ihre Fürsorge und Zuneigung taten ihm wohl. Wenn sie gewußt hätten, daß er in Kanada zu einem Halbblut geworden war, weil er die Vergangenheit, zu der auch sie gehörten, völlig abstreifen wollte! Er schwieg darüber.

Als er aus dem Lazarett entlassen wurde, fuhr er zu ihnen nach Hastings und trat in das Haus seiner Kindheit ein. Nichts hatte sich verändert, aber alles schien kleiner, glanzloser geworden zu sein. Seine kleine Menagerie... das Klavier, auf dem er ihnen vorgespielt hatte... die lichten Gehölze von Hastings, die ihm einmal so groß und geheimnisvoll gewesen waren..., und er dachte an Biscotasing, an das boarding-house von Frau Legacy, in dem sie sich alle ohne Vereinbarung getroffen hatten, wenn sie im Frühjahr aus den Wäldern zurückkamen, um einen Monat lang zu feiern, zu tanzen, zu singen, und dann hatte er sich manchmal an das Klavier, das Frau Legacy gehörte, gesetzt und hatte gespielt, mit Händen, die Fallen gestellt, Bäume gefällt, Tiere abgehäutet hatten. Beethoven und Mendelssohn in Biscotasing... und sie hatten um ihn herumgestanden, der ganze wilde Haufen, und zugehört, und dann, nach einer Weile, hatte sie gesagt: Das sei schön und gut, aber nun sollte er etwas Richtiges spielen, Polka, Mazurka, einen *square dance,* etwas Handfestes.

Alec, Charlie Dougal, Jimmy L'Espagnol, all die anderen – wo waren sie? Wo waren die Feiertage von Bisco, wo die langen Tage in den Wäldern, die große heiße Stille des Sommers, der Sturm, der aus der Arktis wehte und wie ein Messer schnitt? Hier, in Hastings, war er nicht mehr zu Hause, nicht in diesem Haus, nicht in der gutgemeinten Herzlichkeit der Tanten. Hier war kein Licht. Er kroch durch die Tage, die nicht heilende Wunde am Fuß, mit vergifteten Lungen. Würde er je wieder in den Wäldern leben können? Die Jahre in Timiskaming, Temagami, Biscotasing wurden zu einem Traum, und der Traum machte ihn bitter, stumm, krank.

So war in Hastings alles mißlungen. Dann kam Constance Holmes, um ihn zu sehen. Aus dem Kind, an das er sich flüchtig erinnerte, war ein hübsches, junges Mädchen geworden, und zu ihr konnte er endlich sprechen – von Kanada, von den Wäldern und Tieren, von seinen Freunden. Es klang, als ob er aus einem faszinierenden Buch vorläse. Was den Tanten nicht gelungen war, brachte sie zustande; er wurde heiter und gesprächig, und sie hörte zu und fragte. Da war endlich jemand, dem er sagen konnte, wie ihm zumute war und weshalb er hier nicht bleiben konnte. Jemand war da, der ihn verstand. Ein Traum blitzte in ihm auf: wenn man zu zweit drüben anfangen würde, wenn sie ihn begleitete – das Leben würde noch einmal neu und lebendig werden. Nun wußte er auch, daß die Jahre in den Wäldern einsam gewesen waren und daß er jemanden brauchte, der sein Leben teilte, jemanden, zu dem er nach Hause gehen konnte.

Er fühlte sich wieder leben, wenn sie in das Haus der Tanten kam, und dann bat er sie, seine Frau zu werden. Im Februar waren sie verheiratet. Die Tanten waren glücklich. Es hatte lange gedauert, bis ihr Archie wieder nach Hause gekommen war, aber nun würde er bleiben, das Fremde, Wilde würde von Constances Händen abgestreift werden, er würde ein respektabler Archibald Belaney werden, eine Familie haben, einen geordneten Hausstand gründen.

Er hatte etwas verschwiegen: Es gab schon jemanden in seinem Leben. Oder sollte er sagen: Es hatte jemanden gegeben, und er war verschwunden: Angele. War er vor dem Gesetz nicht noch verheiratet? Sie hatte ihn verlassen, und erst viel später hatte er angefangen zu verstehen, weshalb er eines Tages die Blockhütte leer gefunden hatte, und jetzt begriff er es; sie hatte die Einsamkeit nicht mehr ausgehalten, sie hatte Wärme gebraucht, und dorthin, wo sie Wärme finden konnte, war sie zurückgekehrt. Was war aus ihr geworden? War er noch für sie verantwortlich? Wahrscheinlich war sie mit einem Indianer verheiratet, und die flüchtige »Ehe« mit dem Halbblut war in ihrem Gedächtnis verschüttet. Er konnte nicht sagen, daß diese Ehe in den Augen von Angeles Familie längst ungültig geworden war, und niemand wußte davon.

Im März 1917 wurde Belaney mit einer monatlichen Pension von fünfundsiebzig Dollar aus der Armee nach Kanada entlassen. In der kanadischen Armee war er als Halbblut geführt worden. Fünfundsiebzig Dollar waren nicht viel, aber sie würden zu zweit sein.

Sie waren nicht zu zweit; das begriff er mit peinigender Enttäuschung. Constance, seine Frau, dachte nicht daran, mit ihm nach Kanada zu gehen. Sie wollte mit ihm in der vertrauten Welt von Hastings leben, in Wärme und Ordnung und mit einem Mann, der wie alle einen Beruf hatte. Er würde sich an alles wieder gewöhnen, sie war dessen sicher.

Gewöhnen – woran? An die Enge, in der man nicht atmen konnte, an die dumpfe Wärme, in der sie zusammenkrochen, ohne je vom freien Leben zu wissen? Hier leben, wo die langsam verrinnende Zeit wie Asche auf alles sank, Gewohnheit an Stelle von Leidenschaft und immer wieder erneuerter Frische trat?

Er hatte sich getäuscht. In einem Augenblick der Schwäche war er in eine Falle getaumelt. Ihnen allen konnte er nichts vorwerfen, denn für sie war Leben, was für ihn Gefangenschaft und Sichwundreiben an einer Kette sein mußte. Er war, als er verzweifelt und blind an einem toten Ufer lag, in die Vergangenheit zurückgegangen. Und wie ein Tier sich von einer Falle losreißt, gleichgültig, ob das Eisen den Fuß zerreißt – wie oft hatte er das in den Wäldern mit Bedauern und Bewunderung gesehen –, nur um die Freiheit wiederzugewinnen, nur, um irgendwo im Dunkel frei und allein zu sterben, so riß er sich los. Er fuhr allein nach Kanada zurück.

Biscotasing hatte sich kaum verändert, aber für ihn war es nicht mehr der gleiche Ort, weil er nicht mehr der gleiche war. Er haßte die Welt, die ihn seiner selbst beraubt hatte, er haßte sich selber, der sich hatte berauben lassen. Sein altes Zuhause war vergiftet wie er selber. Er war jetzt, sagten die Bekannten, ein Mann, dem man besser aus dem Weg ging, weil er es immer auf Streit abgesehen zu haben schien und mit dem Messer schnell bei der Hand war. Einmal mußte die Polizei eingreifen, und hätten die Leute von Biscotasing nicht vermittelt, wäre er wegen Mordversuchs angeklagt worden.

Es war besser, fortzugehen, obgleich er seinem kaum verheilten Fuß nicht vertrauen konnte, und als Alec, ein alter indianischer Freund, ihn einlud, mit ihm zu seinem Jagdgrund zu kommen, ging er mit, dorthin, wo Stille war und Stimmen und Erinnerungen ihn nicht mehr peinigten.

Der Fluß rauschte wie immer, das Kanu glitt im Morgenlicht durch die Frische der Welt, der Wald lebte im tiefen, ruhigen Rhythmus des Jahres, alles war wie einst. Aber er saß hilflos im Boot, unfähig, das Paddel zu bewegen, und als sie zur ersten *portage* kamen, trug Alec allein die Lasten, und Belaney wurde von Scham überfallen, als er, unter einem Baume rastend oder an seinem Stock humpelnd, Alec vorbeikommen sah, die Packen auf dem Rücken. Er war für die Wälder untauglich geworden.

Der Winter kam. Er hielt es kaum aus, in der Hütte zu sitzen oder im Zelt und zu warten, bis Alec von seinem Tagewerk zurückkam. Eines Morgens, als Alec weggegangen war, packte Belaney wie in alten Zeiten Proviant für einen Tag ein, schlüpfte in die Schneeschuhe, und dann stand er einen langen Augenblick hilflos still. Er hatte Angst, den ersten Schritt zu tun, weil er es nicht ertragen hätte, sich einzugestehen, daß sein Fuß versagen würde. Dann wußte er, daß der Knöchel jede Kraft verloren hatte, und er schrie vor Schmerz und Enttäuschung auf. Aber er wollte nicht aufgeben, er nahm sich vor, langsam, Schritt für Schritt, über den vereisten Schnee vor der Hütte zu gehen; drüben würde er sich ausruhen, oder er würde sich ausstrecken, um zu sterben. Er brauchte einen ganzen Tag, um den See zu überschreiten, und die vereiste, vom Wind glatt gewehte Fläche war nur einen Kilometer breit. Dann brach er zusammen, scharrte mühsam Tannenzweige zusammen und legte sich hin. Er wußte, daß er unfähig war, zum Lager zurückzugehen, aber es war ihm gleichgültig; er hatte verloren.

Alec, der das Lager bei seiner Rückkehr leer gefunden hatte, folgte den Spuren und fand Belaney am Abend. Er sagte nichts. Er hob Belaney auf und trug ihn über den See in die Wärme des Lagers. Er trug einen gebrochenen Mann.

Die roten Brüder

Ein Fremder hätte das Lager nicht gefunden oder nur durch einen Zufall entdeckt. Die Ojibways nannten ihre verborgenen Lager Oden-na-ka-innehejab; das hieß »versteckter Platz«. Vor ihnen hatten viele indianische Geschlechter am gleichen Ort gelebt.

Man erreichte das Lager, wenn man einen Fluß hinabfuhr, dessen Stromschnellen durch *portages* umgangen werden mußten. Dann kam man zu einem See, umgeben von Fichtenwäldern, die noch keine Hand berührt hatte. Man fuhr über den See zu einer schmalen Bucht, und plötzlich, hinter einer Biegung, sah man indianische Kanus am sandigen Ufer. Ein Pfad führte durch einen Wald von mächtigen Rotfichten; dann bemerkte man Zelte und Hütten aus Birkenrinde. Ein Schleier von Rauch schwebte über dem Lager. Frauen saßen vor den Hütten und Zelten; sie nähten, gerbten Häute und kochten. Auf einem offenen Platz in der Mitte des Lagers standen Pfähle, an denen Fleisch und Fisch trockneten; darunter brannte langsam ein Feuer. Männer flickten Netze oder arbeiteten an Rahmen zum Aufspannen der Häute. Halbnackte Kinder spielten mit Hunden, und der Staub wirbelt auf, wenn sie über den Platz rannten. Ruhig bewegte sich der Tag durch das Lager.

Wenn die Sonne langsam dem Rande der Waldhügel entgegensank, standen die Männer wortlos auf, holten Gewehre und Äxte aus den Zelten, gingen auf dem Pfad zum Ufer hinab und fuhren in ihren Kanus davon. Manche würden um Mitternacht zurück sein, andere nach Tagen. Stumm, ohne Abschied glitten sie aus dem Lager, in dem jetzt qualmige Feuer brannten, um die Moskitos abzuhalten. Es war die Stunde vor der Dämmerung, und die Kinder brachten kleine zahme Biber zum Ufer und sahen ihrem Spiel zu.

Das Licht nahm ab, heller wurden die Feuer, in den Zelten bewegten sich Schatten. Der Tag im »versteckten Platz« war zu Ende; dann kam die Stille der Nacht mit Sternen über dem See, dem verlorenen Schrei einer Eule, dem Flüstern des Waldes, dem Schlaf.

Hier lebte Belaney. Das Lager einer Ojibway-Bande war sein Zuhause geworden. Er hatte sich zu ihnen gerettet mit dem Instinkt des Kranken, der die Quelle der Heilung kennt. Er hatte versucht, seine Erinnerungen an Zeit und Geschichte abzustreifen und war in die geschichtslose Welt der Indianer eingetreten. Sie hatten ihn aufgenommen, einen erschöpften, verbitterten Mann, denn sie kannten ihn und wußten, daß er für sie eine Zuneigung besaß, die keiner der anderen Weißen hatte. Der Geschlagene kam zu den Besiegten. Er war für sie nicht nur ein Gast, er lebte mit ihnen als ein Teilhaber ihrer Tage und in einem Rhythmus, der sich seit Jahrhunderten nicht verändert hatte. Hier war er gesund geworden. Die Wunde am Fuß war verheilt, der Knöchel war wieder kräftig geworden, der Wald hatte die Lungen vom Gift gereinigt. Sie hatten ihn gerettet.

Hierher hatte er kommen müssen, um zu erfahren, wie Menschen lebten, die im Einverständnis mit der Welt waren, ihrer Welt und, auch das wußte er, einer Welt, die unaufhörlich zusammenschrumpfte. Ein langer Weg von den Büchern, die er in Hastings im Hause der Tanten wiedergefunden hatte und die seine Kindheit entflammten, zu dem verborgenen Lager der Ojibways... Da war zuerst Michelle gewesen, sein erster Lehrer... andere; er hatte sie immer wieder getroffen, den weisen und gutgelaunten »Hier kommt er, der schreit«, den prachtvollen Erzähler von Geschichten; den alten Sah-Sabik, den »Gelben Felsen«, der immer allein unterwegs war, kaum sprach und dann nur in merkwürdigen Bildern; Mato-Gense, das »Kleine Kind«, der alles wußte und das Wetter auf zwei Wochen voraussagen konnte. Er hatte mit Indianern gejagt und bewundert, wie ruhig, sicher und lautlos sie waren. Er war mit indianischen Gefährten dem *trail* gefolgt und hatte unaufhörlich von ihnen gelernt. Er hatte ihre Lager aufgesucht und einmal einen uralten Irokesen getroffen, dessen Name »Beide Enden des Tages« bedeutete und dessen Erinnerung bis zu irokesischen Überfällen von 1830 zurückging, diesen Alten, der für Stunden allein außerhalb des Lagers saß, um unablässig eine kleine Trommel zu schlagen und Lieder zu singen, in einer Sprache, die keiner verstand. Er hatte ihm gelauscht, und der Rhythmus der dunklen Töne, der die Wälder und alles Leben unter der Sonne zu umschließen schien, war in sein Blut eingedrungen, unvergeßlich, und hinter der Trommel hatte er die Stille der Zeiten vernommen. Er hatte sie getroffen, Träger, Kanuleute, Trapper in den Wäldern, die Überreste der Stämme, deren Vorfahren in der Morgenröte der Geschichte von Asien her über die Bering-Straße gekommen waren, um langsam über den amerikanischen Kontinent zu wandern.

Zwischen 15 000 und 18 000 v. Chr. waren sie über Alaska eingewandert, Jäger der Steinzeit, deren Waffen noch immer gefunden wurden, in Arizona, Neu-Mexiko und Texas so gut wie im kanadischen Alberta und Saskatchewan. Längst ehe die Weißen kamen, kannten sie Ackerbau; sie bauten Mais an, und Erdbeere, Kürbis, Erdnuß, Tabak waren ihnen bekannt. Aus den dicht organisierten Gesellschaften ihrer Stämme waren Reiche geworden, und die Reiche der Inkas in Peru, der Azteken in Mexiko wurden von den Spaniern zerstört, die sechshundert Gruppen der Indianer in Nordamerika wurden zurückgedrängt und ihrer Erde beraubt. In der Geschichte der Eroberung des amerikanischen Kontinents gab es nicht nur das große Abenteuer der Landnahme; es gab auch die Tragödie eines Untergangs und eines Verlusts.

In Kanada hatten, als die ersten französischen Entdecker, Cartier und Champlain, kamen, ungefähr zweihunderttausend Indianer gelebt, und sie lebten in einem Gebiet von vier Millionen Quadratkilometern vom Atlantik bis zum Pazifischen Ozean, von den großen Seen bis zur arktischen Küste; die Jägerstimme der Wälder, die Micmac, Algonquin, Ojibways und ihre Nachbarn, die fünf Stämme der Irokesen, die Ackerbau trieben, in festen Häusern wohnten und im 16. Jahrhundert mit der indianischen Konföderation eine feste politische Organisation schufen, um den Krieg der Stämme gegeneinander unmöglich zu machen und ewigen Frieden zu sichern; die Stämme der Prärien, die Cree- und Assiniboine-Indianer, die Stämme der pazifischen Küste und der Berge von Columbia. Die Indianerstämme im Osten und Südosten von Kanada wurden in die Kämpfe zwischen Holländern, Franzosen und Engländern hineingezogen und gezwungen, Partei zu ergreifen. Zwischen den Mächten wurden sie zerrieben.

Die Ojibways waren das stärkste indianische Volk gewesen; noch jetzt waren es zwanzigtausend. Jeder ihrer Stämme bestand aus zahlreichen Banden, von denen jede, unabhängig von den anderen, ihre eigenen Jagdgründe besaß. Jede Bande, ungefähr vierhundert Köpfe stark, hatte einen Führer, dem, wenn er starb, sein Sohn folgte. Sie waren Jäger und Fischer; im Sommer ernteten sie wilden Reis, der am Rande der Seen wuchs, sammelten Beeren in den Wäldern, und im Frühjahr fingen sie den Saft des Ahorns auf. Sie feierten ihre Feste im Rhythmus des Jahres, so im Herbst das Fest der Toten; dann verbrannten sie Nahrungsmittel für die Schatten der Gestorbenen und tanzten zum Ton der Trommel bis zum Morgengrauen. Sie begruben ihre Toten in der Erde und gaben ihnen für die lange Wanderung in das Land der Seelen Lebensmittel und Tabak mit, und dort, im Schattenland, in dem Nanibush herrschte, jagten, feierten und tanzten sie wie einst auf Erden. Für die Lebenden waren alle Dinge lebendig. Jeder Baum, jeder Felsen hatte eigene Seelen und eigene Kraft, die der Medizinmann der Bande im Anruf der Götter einem Kranken vermitteln konnte. Sie riefen den großen Gott an, der alles umfaßte, und vertrauten den kleinen Göttern, und jeder zum Manne gewordene Indianer mußte zu bestimmten Zeiten in der Einsamkeit fasten, um einen von ihnen zum Schützer und Freund zu gewinnen.

Das Leben war geordnet und ungeschriebenen Gesetzen unterworfen, die niemand brach. Es hatte seine Freude und seine Trauer. Wenn ein Kind seinen Namen erhielt, kamen die Verwandten und Freunde zum Fest zusammen, und der Großvater des Kindes hielt es in den Armen und rief die geheimnisvollen Kräfte der Welt an, um sie um Schutz zu bitten.

Die Zeiten freien Lebens waren vergangen, die Weißen waren gekommen. Die Geschichte der Eroberung des amerikanischen Westens war, die Quäker und die Franzosen und Engländer in Kanada ausgenommen, eine Geschichte von Betrug, Ausrottung, Vertreibung, Zerstörung. Doch noch in den Resten der indianischen Stämme lebten, nun nach innen gedrängt, Stolz, grenzenlose

Fähigkeit des Ertragens und Kraft, der wachsenden Unsicherheit Leben abzugewinnen. Die Politik in Kanada den Indianern gegenüber unterschied sich von der amerikanischen. Man versuchte, mit ihnen Frieden zu halten und die Verträge mit ihnen nicht zu brechen; man zwang sie nicht in das Leben der modernen Zivilisation. Aber auch hier gingen die freien Zeiten zu Ende. Holzfällerlager, Gruben, Siedlungen entstanden und nahmen dem Leben der Banden und Sippen den Atem, weiße Trapper kamen in die Wälder. Das Wild in den Wäldern nahm ab, der Biber starb aus. Viele von ihnen arbeiteten als Führer von Jagdgruppen, als Kanuleute, in Gruben, in den Lagern der Holzfäller oder als Flößer und Brückenbauer.

Die Bande, mit der Belaney lebte, war noch beweglich und folgte den uralten Traditionen. Sie lebte in Zelten und Hütten aus Birkenrinde, und wenn die Zeit gekommen war, wurde das Lager abgebrochen. Dann wurden im Morgengrauen die Zelte zusammengerollt, die Feuer ausgelöscht, die Lasten zu den Kanus am Ufer des Sees getragen. Es war Zeit, wegzugehen. Das Leben an diesem »Verborgenen Platz« mochte zu eintönig geworden sein; vielleicht hatte es auch Zeichen gegeben, die den Abbruch des Lagers ratsam erscheinen ließen.

Wenn die Bande zu einer *portage* kam, trugen Männer, Frauen und Kinder die Lasten am Rande des Flusses oder Sees entlang. Die Mütter, ihre Kinder auf dem Rücken, kümmerten sich um die Tiere, Hunde, zahme Wölfe, kleine Bären, alles, was sich im Lager angesammelt hatte und ihnen lieb geworden war.

Nach langer Fahrt und manchen *portages* hatte die Bande den Ort des Winterlagers gefunden. Die Zelte wurden aufgeschlagen und hohe Schneewände um sie gebaut, um die Wärme der kleinen Öfen in den Zelten zu halten. Das Leben begann wieder, und die Winterjagd fing an. Aber auch im Winter wurde das Lager manchmal plötzlich abgebrochen. Die Lasten wurden auf Schlitten geladen, und in langer Reihe wanderte die Bande über vereiste Seen. Voraus gingen die größeren Kinder, um den Pfad festzutreten. Abends wurde das Lager aufgeschlagen, und der eisige Boden in den Zelten wurde mit Tannenzweigen bedeckt.

Belaney lebte mit ihnen. Er wanderte und hungerte mit der Bande, denn es gab Zeiten, in denen unterwegs kaum Wild gefunden wurde; dann versuchten sie, Vögel und Eichhörnchen zu fangen. Er feierte mit ihnen, wenn einer der Jäger endlich einen Elch geschossen hatte, und alle saßen an den Feuern und aßen, bis jeder zufrieden war. Was gejagt wurde, gehörte allen, und die Männer hatten der Reihe nach für Fleisch zu sorgen.

Eines Tages brach Belaney mit einem jungen Indianer auf. Sie nahmen für zwei Tage Proviant mit; am dritten wollten sie zurück sein. Der Schnee lag noch nicht sehr hoch, und sie kamen gut vorwärts, aber in der zweiten Nacht schlug das Wetter um, es wurde wärmer, und Schnee fiel ohne Ende. Das Eis auf den Seen wurde weich und schlammig, der Schnee in den Wäldern war naß und schwer, und sie hatten keine Schneeschuhe mitgenommen. Auch am dritten Tag fanden sie kein Wild, und sie waren vom Lager noch vierzig Kilometer entfernt. Sie brauchten vier Tage, um es zu erreichen; in diesen vier Tagen aßen sie ein Rebhuhn und zwei Eichhörnchen. Sie waren erschöpft, ihre Rastzeiten wurden immer länger. Manchmal kauten sie die innere Haut von Birkenrinde und widerstanden nur schwer der Versuchung, Schnee zu essen. Das würde nur mehr Durst bedeuten; das Trinken des eisigen Schneewassers war gefährlich.

An einer Stelle, wo im vergangenen Herbst ein Elch geschossen worden war, gruben sie die Knochen aus dem Schnee, rösteten sie über dem Feuer und brachen sie auf, um das verfaulte Mark zu essen. Am fünften Tag stießen sie auf einige Männer des Lagers, die nach ihnen gesucht hatten. Sie hatten Schneeschuhe für die beiden mitgebracht, aber sie waren zu schwach, um sie zu benutzen, und die Männer mußten sie auf Schlitten in das Lager zurückbringen. Beide waren von ihrem letzten Mahl krank geworden; wahrscheinlich wären sie gestorben, wenn nicht eine alte, weise Frau der Bande sie mit Heilkräutern gerettet hätte.

Ein anderes Mal froren fünf Kanus der Bande in einem Fluß ein. Nachts bei Feuerschein mußten sie die Boote aus dem Eis herausschlagen und während der ganzen Nacht die Öffnung im Eis vor dem Zufrieren schützen. Am nächsten Tag trugen sie die Kanus und alles, was sie nur schleppen konnten, fünfzig Kilometer weit, um das Lager zu erreichen.

So lebte er mit den Ojibways vier Jahre lang. Die Welt draußen war zu einem Schatten geworden, der nur dann auftauchte und ihn beunruhigte, wenn er mit einigen Männern der Bande zu einer Niederlassung der Hudson Bay Company ging, um die Pelze des Winters einzutauschen. Dann schwand der Schatten wieder, und er tauchte in die andere Welt zurück. Sie enthielt Erschöpfung und Hunger, aber sie war ganz, und der Mensch in ihr, der Indianer, lebte in ihrer Mitte, voller Verehrung für die großen und kleinen Dinge dieser Welt. Er verlor nie die Ruhe, nie seinen kaum wahrnehmbaren Humor, weil nur Gelassenheit und Lächeln Schwierigkeiten besiegen konnten. Er bewahrte seinen Stolz und, obgleich sie Christen geworden waren, den geheimen Glauben an Götter, die Haß nicht kannten. Er war ein Fremder in einer Welt, die sich rasch veränderte, ein Besiegter, aber der langsame, tiefe Rhythmus seines Lebens war nicht zerstört worden. Er war sicher in sich selbst und lebte im Einverständnis mit dem Großen Geist, der alles gab.

Dem Indianer waren die Wälder voller Geister und Stimmen. Der Geist des Nordens, dessen Schatten überall zu spüren war, war für ihn eine Wirklichkeit. Das stumme schwebende Tanzen der Nordlichter am Winterhimmel bedeutete ihm den Tanz der Toten, und die Wasser der Stromschnellen rauschten ihm die Gespräche alter Männer zu, die vorzeiten gestorben waren. Unter mächtigen Felsen am oberen See schlief noch immer Hiawatha, der große Führer der Irokesen, der die Tiere seine Brüder nannte. Einmal im Jahr wachte er auf. Dann ließ er den »Jagenden Wind« frei und wanderte mit seinen Hunden, Vögeln und Bibern durch die Wälder, und der Indianer konnte das Bellen der Hunde hören und den fernen Ruf von Bibern.

Alles, was der Indianer sah und hörte, alles, was ihn umgab, war voller Bedeutung. Das schimmernde Band des Mondlichtes auf einem See war ihm der »Silberne Pfad«, auf dem die gestorbenen Kinder und die kleinen Tiere in das glückliche Land der Geister wanderten, und auf dem »Pfade des Sonnenunterganges« gingen die anderen Toten von der Erde fort. Ein kleiner Vogel, der am Lagerfeuer erschien und von Blatt zu Blatt hüpfte, wurde »Zähler der Blätter« genannt; keiner wagte, ihm etwas zu tun.

Der Indianer kannte jede Form, jeden Ton seiner Welt und nahm jede Veränderung wahr. Die Stimmungen der Natur waren seine Stimmungen; wenn Keewaydin, der Nordwestwind, wehte, erwachte er, denn dieser Wind der

Winde verhieß klares Wetter. Sie tranken ihn wie reines, erfrischendes Wasser und empfingen von ihm Botschaften aus fernen Räumen. Ein alter Indianer sagte zu Belaney: »Wenn der Wind zu den Blättern spricht, lauscht der Indianer, und er versteht.«

Der Weiße mochte beim Heulen der Wölfe zusammenzucken. Dem Indianer war dieser klagende Ton eine vertraute Stimme, ein Ton in der mächtigen Musik der Wildnis, und der Wolf gehörte dazu, ein Jäger in den Wäldern wie der Indianer, ein Wanderer auf Pfaden voller Hunger und Kälte. Die sausenden Schneewolken, der Wirbel von Stromschnellen, das Donnern der Wasserfälle waren ein Teil der Wildnis und dem gleichen Gesetz unterworfen wie der Indianer. Er lebte ruhig in der Spannung seiner Tage, und in der Unsicherheit fand er Sicherheit.

Belaney lebte mit ihnen als ihr Freund. Er lernte sie kennen wie kaum ein anderer, in ihrem Schweigen, ihrer unerschütterlichen Geduld, ihrem tiefen Mystizismus, unveränderlich wie die Wildnis selber und rätselhaft wie die Wälder. Wenn er mit Neganikabu, einem alten Ojibway, zusammen war, war es ihm, als sei er blind durch die Welt gegangen, obgleich er schon viele Jahre als Jäger und Fallensteller gelebt hatte.

Mit ihm wanderte er durch den Schnee, tagelang und bis zu den Knien in schmelzender Nässe, ohne andere Nahrung als ein paar Streifen getrockneten Elchfleisches und etwas Tee, den sie aus Blättern von Labrador-Salbei kochten. Von dem alten Mann unterwiesen, überwand er Stromschnellen, vor denen er Furcht hatte. Sie gingen nachts durch unbekanntes Land; Neganikabu war ein nie versagender Führer, der dort ankam, wo er ankommen wollte.

Einmal, als mit dem Frühjahr Tauwetter eingebrochen war, kehrten sie spätabends zu ihrem Zelt zurück und fanden nur noch verkohlte Stämme und Fetzen des Zeltes. Das nicht sorgfältig genug ausgelöschte Feuer hatte wieder zu glimmen angefangen, und alles war verbrannt, Proviant, Decken und vor allem ihre Felle. Noch am gleichen Abend brachen sie auf. Bei tiefer Finsternis gingen sie über dünnes Eis, das schon tags gefährlich genug gewesen wäre. Neganikabu konnte am Ton des Eises erkennen, ob es sie tragen würde; und während sie langsam über den See gingen, sang der alte Mann leise vor sich hin: »Ich sehe den Pfad wie eine Schnur, ich sehe ihn. Ich fühle das Wasser unter mir, ich spüre das Wasser.« Belaney sah nur schwarze Nacht, und wenn der Stab, den Neganikabu in der Hand hielt, auf das Eis stieß, zuckte er zusammen. Nach anderthalb Tagen kamen sie im Lager an.

Der alte Mann sah und hörte alles. Er entdeckte Wild, wenn keiner es gewahrte. Er schien die Sprache der Tiere zu verstehen und stand vor Biberburgen, um sich mit den Bewohnern zu unterhalten. In einem Säckchen trug er ein paar kleine Biberknochen mit sich, Gegenstände tiefer Verehrung für ihn. Niemals tötete er einen Biber. Ahmek, der Vater der Biber, war sein Schutzgeist.

Und eines Abends im Lager tanzte Neganikabu den uralten Tanz der Beschwörung. Das Feuer brannte, die Trommeln dröhnten, die Schilfrohrpfeifen gellten, die Stimmen der Männer sangen in endloser Wiederholung die gleichen Laute, und der alte Mann, nackt bis zur Hüfte, bewegte sich in langsamem Tanz. Plötzlich brach alles ab.

Dann wurde Belaney in den offenen Kreis gerufen. Es war ihm, als träte er in einen Tempel ein, dessen Säulen die Stämme des Waldes, dessen Dach der Himmel der kanadischen Nacht waren, und hinter der tiefen Stille lag die Stille weiter Räume indianischer Geschichte. Negani-kabu ergriff seine Hand und bat Ahmek, den Schutzgeist seiner Sippe, um Schutz auch für ihn, der nun ihrer aller Blutsbruder sein würde und als Wäscha-kwonnesin in die Bibersippe der Ojibways aufgenommen wurde. Wäscha-kwonnesin – »der Vogel, der nachts wandert« – Grey Owl auf englisch – die »Graue Eule«.

Und jetzt begannen die Trommeln wieder, die Männer tanzten im Kreise um ihn. Rascher wurde der dumpfe Ton, schneller das Schleifen der Schritte, gellender die Stimmen der Tanzenden. Plötzlich verstummte alles, und Schweigen stürzte herab.

Wäscha-kwonnesin war er nun, und der Name war mehr als Schmuck für ihn. Andere mochten ihn Archie und Belaney nennen, doch Grey Owl war er in dieser Nacht geworden; ein langer und von ihm selber gewähl-ter Weg hatte ihn hierhergeführt, und in dieser Nacht kam er der Identität, nach der er suchte, so nahe wie nie zuvor und nie mehr später.

Die Ojibways hatten ihn aufgenommen. Wo immer er nun sein würde: ihr Lager war sein Zuhause. Er konnte kommen und gehen, wie er wollte, er mochte das Lager für Wochen oder Jahre verlassen: »Der Vogel, der nachts wandert«, die »Graue Eule« besaß ein Nest.

FREUNDSCHAFT MIT DER WELT

Anahareo

Bis jetzt schien alles einfach gegangen zu sein. Er hatte ihr ein Telegramm geschickt, sie möchte für ein paar Tage zu ihm kommen. Die Rückfahrkarte hatte er mitgeschickt. Sie hatte mit Ja geantwortet und ihm mitgeteilt, wann sie in Forsythe ankommen würde. Forsythe im französisch-kanadischen Quebec war eine kleine Station, bei der die Transkontinentalzüge nur einen Augenblick lang hielten.

Grey Owl war zu früh gekommen, und so hatte er Zeit, darüber nachzudenken, ob es richtig war, daß sie käme – Gertrude, mit ihrem indianischen Namen Anahareo, von ihren Freunden und Freundinnen Pony genannt. Kannte er sie? Ließ er sich auf etwas ein, was wieder auseinanderfallen mußte? Mit siebenunddreißig war er nicht mehr jung, und sie war achtzehn. Er hatte seit Jahren als Trapper im Busch gelebt. Es war sein Leben, er dachte nicht daran, es aufzugeben, obgleich er wußte, daß diese Art von Leben mit den Jahren schwieriger geworden war und schwerer werden würde. Manchmal kam er sich wie ein Überrest aus vergangenen Tagen vor. Die Zeit drang schneller und rücksichtsloser nach Norden vor, und die Grenze der Wildnis wurde immer weiter zurückgedrängt. Daß er hier, in Forsythe in Quebec, auf Anahareo wartete, war nicht zufällig. Er war dem, was von Süden heraufkam, ausgewichen.

Nach dem Krieg hatte er in Biscotasing und in seinen Wäldern gelebt; seine wirkliche Heimat waren die wechselnden Lager der Ojibway-Bande gewesen, zu der er zurückkehren konnte, wann er wollte. Doch aus Biscotasing war nicht mehr der gute und vertraute Ort; es war Bahnstation geworden, und wo die Bahn war, hörte die Wildnis auf. Leute tauchten auf, die früher nie auf den Gedanken gekommen waren, nach Biscotasing zu gehen, und jetzt gaben sie sich als Trapper und Jäger aus; doch in ihren Gesichtern war der gleiche Hunger nach Glück, und das hieß nach Geld, den er haßte. Sinnlos hatten sie in einem Gebiet, das für seinen Pelzreichtum bekannt war, den Bestand an Bibern und anderen Pelztieren vernichtet. Siedler kamen und arbeiteten sich in den Wald hinein. Holzfällerlager entstanden, und Touristen erschienen, neue Sommerhotels wurden gebaut; die Stille verlor ihren frischen Atem. Für sie, die aus den Städten kamen und einen Sommer in den Wäldern verbringen wollten, waren die Flüsse mächtige Wasser; nicht mehr für ihn und seine alten Gefährten. Mississauga, Spanischer Fluß, Mattawgami... ihr Rauschen klang wie Abschied. Manche der Freunde waren gestorben oder verschwunden. Andy Luke, der ein paar Zentner mühelos über lange *portages* tragen konnte, arbeitete jetzt als Streckenarbeiter. Tommy Saville lebte irgendwo in einer Stadt und verkam vor Sehnsucht nach den alten Tagen. Die Zeit fragte nie nach einem einzelnen. Ein Land wie Kanada, das in sein Jahrhundert eintrat, fragte nach neuen Menschen.

Die Führer von einst hatten wirkliche Jäger in den Busch geführt, und für sie, die aus den Städten kamen, um einmal tief und frei zu atmen, waren die Führer Kameraden und Freunde gewesen, mit denen sie abends am Feuer lagen, um zu reden, zu trinken, das Leben zu feiern, und im nächsten Jahr waren sie wiedergekommen und hatten selbstverständlich die alten Begleiter gewählt. Die Leute, die jetzt aus Detroit, Montreal, Toronto kamen, waren noch immer frisch und gutgelaunt, aber der Führer zu Flüssen und Jagdgründen war für sie ein Mann, der bezahlt wurde, ein Angestellter, und Eifersucht schlich sich bei den Führern ein. Das war auch einer der Gründe gewesen, weshalb Grey Owl Biscotasing verlassen hatte. In einem Anfall von Wut hatte er den Telegraphenapparat der Bahnstation zerschlagen und den Beamten in die Ecke geschleudert, da er sich übergangen und betrogen fühlte. Er glaubte zu wissen, daß ein Telegramm aus New York gekommen sei, in dem ein Sportsmann Belaney als Führer wie im vergangenen Jahr wünschte, und daß der Beamte den Auftrag einem anderen gegeben hatte. Er verschwand aus Biscotasing, das sein Zuhause gewesen war, und ging nach Norden, in das Gebiet von Atibi in Quebec, das er nicht kannte. Im Kanu auf Seen und Flüssen, das schwere Gepäck über unbekannte *portages* schleppend, kam er sich wie ein Verbannter vor, und das bedrückende Gefühl, ein Fremdling zu sein, wuchs, wenn er mit Trappern unterwegs sprach. Sie alle wußten, was die Zukunft für sie enthielt.

Er war jetzt ein Wanderer. Noch tiefer zog er sich in sich selber zurück, und was anderen wie Maske und Kostüm eines nicht mehr jungen Mannes erscheinen mochte, Mokassins, Buckskin, Erscheinung und Benehmen eines Indianers, wurde für ihn zu einer Schutzwand, hinter der er seine Vision des freien, natürlichen Lebens verteidigte. So war er nach Forsythe in Quebec gekommen, und von hier schickte er Anahareo das Telegramm.

Er hatte den Gedanken an sie von Biscotasing mitgenommen und ihr während der langen Wanderung ab und an Briefe geschrieben, und wenn er ihr schrieb, wußte er deutlicher denn je, daß er in den vergangenen Jahren allein gewesen war. Er wünschte, daß es nicht mehr so bliebe, und dachte, daß alles besser werden würde, wenn jemand sein Leben teilte. Von wem konnte er erwarten, daß er in einer Blockhütte in den Wäldern mit ihm lebte? Anahareo; sie war anders als alle.

Er hatte sie in einem Sommerhotel am Temiskaming-See getroffen, in dem sie als Helferin arbeitete. Gertrude hieß sie und war katholischen Glaubens, aber sie war Indianerin und kam aus einer stolzen Rasse; ihre Vorfahren waren Häuptlinge der Irokesen gewesen. Ihr Vater war in seiner Jugend einer jener Mohawk-Indianer gewesen, die für ihre Meisterschaft im Kanufahren berühmt waren und das Holz auf den Flüssen herabbrachten. Er war alt geworden, die große Familie lebte dürftig in einer Hütte am Rande einer kleinen Stadt. Anahareos Mutter war gestorben, als sie vier Jahre alt war; dann lebte sie bei der Großmutter, einer alten Indianerin, die weit zurückdenken konnte und aus einer angesehenen indianischen Familie am Oberen See gekommen war. Noch immer sprach die alte Frau vom Oberen See als Kitchie Gaming; sie beherrschte eine ganze Reihe indianischer Dialekte und redete mit anderen Indiandern und mit ihrer Enkelin nur indianisch. Als sie gestorben war, lebte Anahareo bei einer Tante und ging in eine katholische Schule.

Sie hätte ein Sohn sein sollen, aber sie ware eine Tochter. Sie liebte es, im Kanu zu fahren, zu schießen, zu schwimmen, den Wald zu durchstreifen, sie sehnte sich nach Abenteuer, und Abenteuer war mit den Geschichten verbunden, die ihr die Großmutter zugeraunt hatte, und mit den Wäldern.

Eines Nachmittags, als sie lesend auf der Veranda des Touristenhotels saß, in dem sie während des Sommers arbeitete, kam das Abenteuer auf sie zu. Sie hörte den knirschenden Ton, mit dem ein Kanu am sandigen Ufer des Sees auffuhr. Sie sah einen indianischen Trapper aussteigen, ruhig, mit sicheren Bewegungen. Er stand einen Augenblick lang am Ufer und sah über das Wasser hin. Ihr erster Eindruck war: allein, ein Mann, der zu keinem gehörte. Er trug Mokassins, Buckskinhosen, ein farbiges Hemd und einen leuchtenden Gürtel. Sein schwarzes Haar unter dem breitrandigen Hut war lang und fiel bis auf die Schultern. Sein Gesicht war braun und hager. Er ging mit dem schwingenden Schritt der Männer, die schwere Lasten zu tragen gewohnt sind, und seine Stimme war tief und voll; sie hörte ihn in der Küche des Hotels nach Kartoffeln fragen, die er kaufen wollte.

Sie wartete darauf, daß der Fremde mit ihr sprechen würde, und er kam, sie sprachen miteinander, und dann ging er wieder weg, um eine Gruppe von Touristen in das Gebiet des Spanischen Flusses zu führen. Später, und sie hatte darauf gehofft, war er zurückgekommen, um sie wiederzusehen.

Er kam aus den Wäldern, er war ein Jäger, und er war das große Abenteuer, nach dem sie sich gesehnt hatte, und alles, was sie dann über ihn in Erfahrung hatte bringen können, machte ihn für sie noch faszinierender und liebenswerter. Er war als Archie bekannt und war ein Halbblut, das vor zwanzig Jahren in das Gebiet von Temiskaming gekommen war. Er war im Krieg gewesen, war verwundet worden und zurückgekommen. Er hatte mit einer Bande von Ojibways gelebt. Man sagte auch, daß er ein schwieriger Mensch sei; die meisten hatten ihn gern oder schätzten ihn; es gab kaum einen besseren Trapper.

Sie hatte sich wiedergesehen. Als sie wieder zu Hause war, hatte er plötzlich vor der Tür gestanden, scheu, unbeholfen. Ebenso unerwartet war er wieder gegangen, er hatte von Biscotasing weggehen müssen, wie sie wußte, und ab und zu kam ein Brief von ihm, der noch ihren Vater, wenn sie ihn vorlas, sehnsüchtig machte; diese Briefe waren Nachrichten aus den Wäldern mit ihrem harzigen Duft und ihrer Ferne. Dann kam ein Telegramm. Ihr Vater war damit einverstanden, daß sie auf ein paar Tage nach Forsythe fuhr. Ende Februar 1926 kam sie an.

Da war sie – Anahareo. Grey Owl sah sie aus dem Zug aussteigen, beladen mit einem Packen. Sie kam auf ihn zu, schlank, jung, mit tiefliegenden braunen Augen, über denen, wenn sie lachte, sich eine Braue hob, und tiefgoldenbraun war auch die Haut ihres rassigen Gesichtes. Er hatte auf sie gewartet, und mit einer Freude, die er noch nicht gekannt, hatte er ein paar Kleinigkeiten für sie gekauft.

Sie war gekommen, und alles schien einfach zu sein. Der erste Abend im Hause einer französisch-kanadischen Familie, bei der er Anahareo untergebracht hatte, strömte von Fröhlichkeit über, und die Gesellschaft anderer Trapper machte alles leichter.

Ein Brief Grey Owls teilte ihrem Vater beruhigend mit, daß sie noch etwas länger bleiben würde, und dann brachte er sie zu seiner Blockhütte, die zwanzig Kilometer von Doucet, einem Nachbarort von Forsythe, an einem See lag und, wie Grey Owl ihr erklärte, am Eingang zu einem guten Jagdgebiet.

Zum erstenmal ahnte Anahareo, daß das Leben eines Trappers nicht nur aus fröhlichen Abenden und aus Tanz bis zum Morgen bestand. Da ging er vor ihr auf dem schmalen Pfad durch den Wald. Er trug eine beträchtliche Last auf dem Rücken, und sie schien ihm nichts auszumachen; sie aber stolperte hinter ihm her und wünschte, er hätte ein Wort gesprochen.

Er ging ihr voraus und hörte ihren Schritt und ihren Atem. Er hatte auf sie gewartet, und sie war gekommen, eine Frau, eine Gefährtin. Würde sie es sein?

Endlich schimmerte das Licht des Sees in tiefer Stille zwischen den mächtigen Bäumen, und da war die Hütte. Sunset Lodge hatte er sie genannt – das Haus des Sonnenunterganges, weil das Hinabsinken der Sonne über den Wäldern jenseits des Wasser so großartig war. Zum erstenmal in seinem Leben hatte er eine *cabin* mit der geheimen Hoffnung gebaut, daß jemand mit ihm darin leben würde, und neben der Hütte lag ein anderes, kleineres Blockhaus, über dessen Tür er mit Pechfarbe »Pony Hall« gemalt hatte – das Gästehaus für Anahareo. Tisch, Möbel, Schlafkoje hatte er aus frischem Tannenholz gezimmert. Eine leuchtend rote Decke lag über den weichen Zweigen des Bettes.

Er zündete das Feuer in dem kleinen Ofen an, und das Holz begann zu flüstern und zu knacken. Plötzlich fühlte sie sich zu Hause. Die Stille, die vom See, vom Wald und von der Erde kam, war mit Leben gefüllt.

Eine Wende

Aus den paar Tagen, die Anahareo bei ihm verbringen wollte, waren Wochen geworden, und sie teilte sein Leben. Zwanzig Jahre lang war er dem *trail* durch die Wälder gefolgt. Er hatte allein gelebt und monatelang kaum gesprochen. Das Leben war in Ordnung gewesen. Doch wenn er jetzt von langen Tagen im Wald zurückkam und den Rauch aus dem Ofenrohr aufsteigen sah, wußte er, daß jemand auf ihn wartete und daß er in Sunset Lodge zu Hause war; und wenn er in die Hütte eintrat und sich umsah, bemerkte er überall die unauffällig ordnende Hand einer Frau.

War sie zu Hause? Das Leben im Wald war keine Romanze, wie sie es in Filmen gesehen hatte; das fand sie bald heraus. Es war primitiv und hart, und der enge Raum der Hütte konnte zum Gefängnis werden. Es war schön und lustig gewesen, im Sommer mit Freunden im Kanu auf Flüssen und Seen zu fahren; aber von solchen Ausflügen war sie wieder nach Hause gekommen, und da waren Wärme und Leben um sie. Das hier war kein Ausflug, und sie entbehrte die Plaudereien mit Freundinnen und Bekannten.

Grey Owl setzte fort, was er immer getan hatte. Er verließ die Hütte, stellte Fallen auf, sah sie regelmäßig nach und fing Biber, Luchse, Marder und was sich in den Fallen fand, er häutete die Tiere ab und tauschte um. Sie lebten davon – beide; die schmale Rente des Kriegsbeschädigten reichte nicht aus. Er verstand einfach nicht, was sie meinte, als er eines Abends zurückkam und sie als ein Häufchen Elend auf der Bank in der Hütte fand. Ihr Gesicht war naß von Tränen, ihre Augen vom Weinen rot und geschwollen. Dann brach es aus ihr heraus. Sie hielt das alles nicht mehr aus. Lieber wollte sie nach Rouyn, einem Nachbarort, gehen, um dort als Kellnerin zu arbeiten, oder in die Grubengebiete von Nord-Ontario. Das Leben in Sunset Lodge war unerträglich, es bestand aus Warten, Stille, aus Tagen ohne Ende, kalter Dämmerung, schwarzen, einsamen Nächten. Dann, endlich, kam er nach Hause und redete von nichts anderem als von Fallen und von Plänen – Plänen wofür? Um Tiere zu töten, um totzuschlagen, und von Totschlag ohne Ende lebten sie.

Er starrte sie an. Sie mußten davon leben, verstand sie das nicht? Was anderes hätte er tun sollen? Hatte sie nicht gewußt, was sie mit ihm teilen würde? Er konnte nicht antworten, er ging hinaus, schlüpfte in die Schneeschuhe und ging mit großen Schritten in die Nacht hinaus. Dann zündete er ein Feuer an und setzte sich nieder. Er wußte nicht, was er denken sollte. Er war allein, aber er war es nicht mehr wie früher. Da hatte er in der brüderlichen Wärme einsamer Lagerfeuer gesessen, und Gedanken waren gekommen und gegangen, nicht immer gute Gedanken; es hatte manches in seinem Leben gegeben, was den bitteren Geschmack von Schuld zurückgelassen hatte. Aber zuletzt hatte er das immer mit sich allein abgemacht, auch wenn er es nicht einordnen konnte.

Das Feuer flüsterte und knackte, der Wald um ihn atmete, aber es konnte ihn nicht beruhigen. Nachdenklich häutete er einen Marder ab, den er gefangen hatte. Es kam ihm vor, als hätte er in seinem Leben noch nie nachgedacht, und er mußte es tun, jetzt, um wieder Ruhe zu finden und klar zu sehen.

Er war nicht mehr allein; das wußte er nun, und es änderte alles. Mit diesem jungen Mädchen, das er sich als

Teilhaberin seines Lebens gewünscht hatte, war ein lebendiger Mensch zu ihm gekommen. Ein anderer Mensch war ein anderes Wesen; wenn man das nicht begriff, scheiterte jede menschliche Verbindung. Anahareo – doch für ihn war sie Pony, wie er für sie Archie war – hatte anders gelebt als er, und ihr Leben war gesellig gewesen. Was sie sich unter seinem Leben vorgestellt hatte, wußte er nicht, er hatte sie nicht danach gefragt. Sie war gekommen, und sie war geblieben, obgleich sie Schwierigkeiten hatte. Er war für sie verantwortlich, und er wollte es auch sein. Er hatte nur an sich gedacht, das mußte er sich eingestehen. Er mußte sie an seinem Leben teilnehmen lassen, und sie wollte daran teilnehmen.

Aber das war nicht alles. Sie hatte ihm vorgeworfen, daß er ein Totschläger sei und nichts anderes als Pelze und Fallen im Sinn hätte. Der Trapper lebte von dem, was Wald und See ihm gaben. Er konnte sich sagen, daß er ein umsichtiger Jäger war, der nie sinnlos abgeschlachtet hatte. Die Tiere der Wälder waren für ihn nie nur Objekte gewesen. Die uralte Tradition der Indianer war in sein Denken und Fühlen hineingewachsen. Er hatte keinen Bären geschossen, ohne nicht Schulterknochen und Rückgrat an einem Baum aufzuhängen. Die Körper und Knochen abgehäuteter Biber hatte er dem Wasser zurückgegeben. Er hatte keinem Sportsmann, den er führte, je erlaubt, ein angeschossenes und leidendes Tier zu fotografieren. Er jagte und fing, um davon zu leben, aber er hatte nie vergessen, daß er die Freiheit seines Lebens in den Wäldern den Tieren verdankte; er hatte immer gewußt, daß sie die Gefährten des Trappers waren.

Aber sie konnte das nicht wissen, und jetzt verstand er manches, was in der letzten Zeit geschehen war. Er erinnerte sich plötzlich daran, daß er Anahareo einmal zu einem kürzeren Gang zu ein paar Fallen mitgenommen hatte. In einer Falle hatte sich ein Marder gefangen, und jetzt starrte er in Angst und Wut seinen Totschläger an. Anahareo beugte sich über die Falle und sagte plötzlich: »Oh, er hat sich verletzt. Nimm ihn heraus, ich will ihn mit nach Hause nehmen.« Er sah sie an, als verstünde er nicht; dann erschlug er den Marder mit seiner Axt und häutete ihn ab. Sie sagte nichts weiter. Was hätte er tun sollen? Was erwartete sie?

Da saß er in der Stille der Winternacht und wußte nicht, was er denken sollte. Und plötzlich überkam ihn die Sehnsucht nach ihr, er löschte das Feuer aus und lief nach Hause und atmete auf, als er den Schatten der Hütte sah. Er versuchte, ihr zu sagen, was er gedacht hatte. Gut, er wollte sie mitnehmen zu seinen langen Gängen, wenn es für sie nicht genug war, die Hütte in Ordnung zu halten, Sachen zu flicken, Holz zu schlagen, zu kochen. Sie sollte mit ihm wirklich zusammensein.

Sie waren unterwegs, und sein Pfad war ihr Pfad. Sie war kräftig und ausdauernd, die Schneeschuhe wurden ihr vertraut, und sie war eine geschickte Helferin.

Aber für ihn war das Leben nicht mehr, wie es gewesen war. Er konnte spüren, daß sie ihre Fröhlichkeit verlor, sobald sie sich einer Falle näherten. Er fühlte sie hinter sich stehen, wenn er die Falle öffnete und die Tiere erschlug. Es machte ihn zornig und unsicher. Manchmal schienen die Tiere in den Fallen zu spüren, daß neben dem Trapper jemand stand, der Mitleid mit ihnen hatte, und wenn er die Falle öffnete, versuchten sie, zu ihr hinzukriechen, als wüßten sie sich bei ihr gerettet.

Er merkte, daß er die Freude an diesem Leben verlor, das ihm Freiheit, Reichtum, Unabhängigkeit geschenkt hatte. Aber es gab keinen Ausweg, und seine Lage wurde immer schwieriger. Das Jagdgebiet um Sunset Lodge war im vergangenen Jahr von einem erfahrenen Trapper ausgebeutet worden. Die Pelzpreise fielen, und als er die Pelze des Winters eintauschte, bekam er gerade genug, um die Rechnungen des letzten Jahres zu zahlen, aber er konnte weder neuen Proviant kaufen noch daran denken, ein anderes Jagdgebiet aufzusuchen. Er mußte, was er noch nie getan hatte, im Frühjahr noch einmal seine Fallen aufstellen, und er wußte, daß er dann Mutterbiber fangen würde; die schon geborenen Jungen mußten dann eingehen. Er erklärte es Anahareo. Verstand sie es?

Am See war noch eine Biberfamilie vom letzten Jahr zurückgeblieben. Er scheute sich, sie zu vernichten, er war überhaupt nicht mehr ganz sicher, ob er sein Handwerk noch liebte, ob nicht schon langsam etwas wie Widerwillen gegen das Fangen und Töten von Tieren in ihm war.

Eines Tages im Frühling fuhren sie im Kanu zu dem Biberbau. Er stellte die Fallen auf, Anahareo sah stumm zu. Plötzlich konnten sie im Bau die schrillen Stimmen von Biberjungen hören. Er ließ das Paddel laut auf die Wand des Kanus fallen, damit Anahareo die Stimmen nicht hörte, aber es war zu spät, und sie bat ihn, die Fallen wieder zu öffnen. Er beendete wortlos seine Arbeit.

Keiner von ihnen vergaß den folgenden Tag, der, ohne daß sie es wissen konnten, ihr Leben völlig veränderte; und wie Grey Owl in seinem Buch »Kleiner Bruder« darüber bewegend schrieb, so berichtete Anahareo in ihrem Buch der Erinnerungen, »Mein Leben mit Grey Owl« (My Life with Grey Owl), über jenen Augenblick.

Am nächsten Tag suchten sie nach dem Biberweibchen, aber sie fanden es nicht in der Falle. Da die Kette zerrissen war, mußte Grey Owl annehmen, daß es ertrunken war, und um ihren Körper zu finden, zerstörte er den Damm. Am folgenden Tag fuhren sie noch einmal zurück.

»Plötzlich wurde dicht bei der Biberburg ein winziger Kopf sichtbar, der auf uns zuschwamm und dabei im Wasser eine feine Spur zog. Als Archie nach dem Gewehr griff, tauchte der Kopf unter, und ein kleiner, breiter Schwanz schlug platschend auf das Wasser.

›Ein kleiner Biber‹, flüsterte ich.

›Stimmt‹, sagte Archie, ›ich dachte, es wäre eine Bisamratte.‹

Wir versuchten beide, ihn zu fangen, und das war nicht schwierig, weil er noch so klein war und noch nicht kräftig genug, um sehr lange unter Wasser zu bleiben, denn sein weicher, flaumiger Pelz wirkte wie ein Schwimmer. Bald hielt ich ein zitterndes Pelzbündel in den Händen, bedauernswert anzusehen und so von Entsetzen überwältigt, daß es ganz leblos wurde. Nur die schwarzen Augen waren weit offen und schimmerten glasig. Es dauerte nicht lange, bis wir einen zweiten gefangen hatten. Ich hielt sie dicht zusammen, und es war, als ob die Nähe des zuletzt Gefangenen dem anderen ein bißchen Hoffnung gab, denn er fing an, wie wild zu zittern.

Ich schob die beiden nassen Geschöpfe in mein Hemd. Archie paddelte allein, damit ich mich suchend umsehen konnte, um zu verhüten, daß noch ein anderes Biberjunges Elend zugrunde ging; denn wir wußten, daß die Mutter dieser Kleinen in die Falle gegangen war und nun sicherlich am Grund des Sees lag. Als wir zu unserem Lager zurückkamen, räumte Archie die Kiste aus, in der unsere Lebensmittel waren, und wir legten sie auf etwas Spreu, und stumm und zitternd krochen sie in eine Ecke. Dort preßten sie sich aneinander und hielten sich mit ihren winzigen Händen fest.

Ohne ein Wort zu reden, aßen wir, und wir machten uns beide Gedanken, wie und womit wir sie füttern sollten. Schließlich fing ich an.

›Werden das nicht niedliche zahme Tierchen sein?‹ sagte ich.

›Zahme Tierchen?‹ fragte Archie.

›Ja‹, antwortete ich.

›Keine Rede davon‹, sagte er entschieden. ›Wir werden sie an Jim verkaufen. Für junge Biber bekommt man ein schönes Stück Geld.‹

›O nein, wir werden sie keineswegs verkaufen‹, sagte ich noch entschlossener. Das löste natürlich eine hitzige Auseinandersetzung aus, und bis zum Morgen hörten wir damit nicht auf. Aber plötzlich wurden wir durch einen leisen Schrei aus der Kiste unterbrochen.

Wir waren sofort bei ihnen und knieten völlig hilflos nieder, denn wir wußten einfach nicht, was wir tun sollten, und ihr jammervolles Schreien ging uns durch Mark und Bein. Die winzigen, armen Burschen standen auf ihren Hinterbeinen starrten uns unverwandt an und preßten ihre Vorderfüße zu kleinen, harten Knoten zusammen.

Ihr herzzerreißendes Schreien wurde unerträglich, und als ich einen von ihnen herausnahm, wurde es nur noch schlimmer – und schließlich fing auch ich zu weinen an.

Archie sprang auf und stürzte aufgeregt aus dem Zelt. Dabei verfing sich sein Fuß im Henkel des Teetopfes, und er stolperte hinaus und sagte etwas von Futter. Im Augenblick war er zurück, in der Hand eine Büchse mit kondensierter Milch und zwei Löffel. Wir füllten sie schnell, und die hungrigen Geschöpfe verstanden sofort, was wir tun wollten, aber unser Versuch, sie zu füttern, scheiterte hoffnungslos an ihren merkwürdig geformten Schnauzen und an unserer Aufgeregtheit.

Da kam Archie plötzlich eine einfache und gute Idee. Er fand zwei Holzstäbchen, nicht dicker als ein Bleistift. Wir tauchten sie in die dickflüssige Milch und paßten auf, daß wir sie hinter ihre langen Vorderzähne schieben konnten. Als wir das geschafft hatten, wehrten sie sich, weil das Holz so hart war, und sie zuckten zurück. Wir mußten so schnell wie möglich ihre Schnauzen über den Stäben zusammenpressen, damit sie die Milch behielten, wenn wir die Stäbe wieder herauszogen. Es war eine unbeschreibliche Dreckerei, aber sie war erfolgreich, denn nach zehn Minuten hörte ihr Sträuben auf, sie sanken auf ihre breiten Schwänze zurück, und dann, wie es ein wohlerzogener Biber immer tut, fingen sie an, Toilette zu machen; sie strichen den Pelz über ihren vollen kleinen Bäuchen glatt und wischten mit dem Zeigefinger wie mit einer Bürste über ihre Mäuler, genauso, wie es Männer mit Schnauzbärten machen, wenn sie Tee getrunken haben.«

Gäste im Haus

Anahareo vor allem hatte sich um die beiden Gäste zu kümmern, die so unerwartet ins Haus gekommen waren, denn Grey Owl war unterwegs, um den Frühjahrsfang zu Ende zu bringen. Solche Gäste waren noch nie in Sunset Lodge gewesen. Sie waren Kinder, Freunde, Fremde, Quälgeister. Ihre Stimmen glichen den schrillen Stimmen von kleinen Kindern. Sie beklagten sich, sie forderten und baten, sie redeten miteinander, und wenn Anahareo sie aus der Kiste herausnahm, rannten sie auf den Decken auf und ab, stolperten, rannten mit den Köpfen aneinander, bis sie plötzlich müde wurden, oder sie hielten sich an Anahareos Arm fest, und wenn sie die kleinen Burschen emporhielt, war ihr Entzücken ohne Grenzen. Dann warteten sie auf ihre Mahlzeiten, und danach wurden sie ruhig und schliefen, um unerwartet wieder zu rastlosem Leben zu erwachen.

Wenn Grey Owl jetzt zurückkam, fand er eine andere Anahareo. Sie war fröhlich, gelöst, offen, er konnte schon, ehe er die Tür öffnete, ihr Lachen hören, und die hohen Stimmen der kleinen Biber schienen ihr zu antworten. Sie waren die Teilhaber und der Mittelpunkt von Sunset Lodge. Sie unterschieden die Stimmen von Anahareo und Grey Owl, und wenn es Abend geworden war, hörten die beiden das Flüstern und Wispern der Ruhenden aus der Kiste, als hätten sie einander lange Geschichten zu erzählen. Diese beiden winzigen Wesen veränderten das Leben in der Hütte, ohne daß seine Bewohner es zuerst gewahr wurden. Dann spürten sie es beide, und der Plan, die Biber zu verkaufen, wurde nicht mehr erwähnt.

Sie waren als Gäste gekommen und wurden Freunde. Die Namenlosen erhielten Namen und wurden McGinnis und McGinty, und jeder hörte darauf. In Kanada wurde ein Irländer Mick genannt, und das indianische Wort für Biber, Ahmek, klang ähnlich. Die irischen Namen, die Grey Owl eingefallen waren, er wußte nicht, wieso, paßten ausgezeichnet zu ihnen, denn sie waren lebhaft, unberechenbar, hartnäckig und liebenswürdig. McGinty, das Weibchen, hing zärtlich an Anahareo, McGinnis zeigte vor allem Grey Owl seine Zuneigung. Was ihnen die beiden Tiere bedeuteten, wie tief McGinty und McGinnis in ihr Leben eingedrungen waren, wußten beide, als sie eines Morgens die Kiste leer fanden. Die Biber waren verschwunden. Plötzlich war die Hütte leer, das Leben war erloschen. Sie suchten im Wald bei der Hütte, sie fuhren im Kanu das Ufer des Sees ab, um zur Hütte zurückzukehren, wieder aufzubrechen und die ganze Nacht zu suchen. Sie konnten sich nicht vorstellen, daß ihre kleinen Freunde sie so verlassen hatten, und dann sagten sie sich, daß die Biber Tiere der Wildnis waren und daß sie eines Tages ohnehin verschwunden wären. Schließlich, nach einem ganzen Tag und der Nacht, gaben sie die Suche auf und kehrten zur leeren Hütte zurück. Da waren sie! Die beiden Biber saßen auf dem Bett, als wären sie gerade von einem nassen Ausflug nach Hause gekommen.

Jetzt verstand Grey Owl, warum die Indianer Biber liebten und sie »kleine Indianer« und »sprechende Brüder« nannten. Er begriff jetzt die Geschichte von dem Indianermädchen, das zwei junge Biber besessen und verloren hatte, als sie beim Schwimmen von der Flut weggerissen wurden. Im schweren und wässerigen Schnee war das Mädchen auf Händen und Knien durch das dichte Unterholz gekrochen, um die abgetriebenen Biber zu erreichen. Dann mußte sie aufgeben, und lange beklagte sie den Verlust ihrer Lieblinge.

Er erinnerte sich an einen alten Indianer, der einen ganzen Tag lang nach einem jungen Biber suchte, und als er ihn endlich gefunden hatte, hüllte er das zitternde Tier in seine Jacke und trug es zum Lager zurück. Ein anderer hatte einen guten Schlittenhund erschossen, weil er seinen Biber zerrissen hatte.

Da waren sie, McGinty und McGinnis, zwei schnell wachsende Burschen, immer beschäftigt, immer bereit, Zeichen der Zuneigung zu geben und zu empfangen. Sie vertrauten ihren großen Freunden, und wenn Grey Owl und Anahareo im Kanu zurückkamen, rannten sie zum Seeufer, antworteten mit lauten Schreien auf ihre Rufe und streckten die Vorderfüße wie Hände aus, um die zu lange Ausgebliebenen willkommen zu heißen.

Es kam ihm jetzt unbegreiflich vor, daß er jemals Biber gefangen und erschlagen hatte. Aber auch er hatte dazu beigetragen, daß das Volk der Biber ausgelöscht wurde. In den letzten Jahren war er Tausende von Kilometern durch die Wälder des nördlichen Ontario gewandert; überall waren die Biber im Aussterben; eines Tages würden sie verschwunden sein, wie die Büffel von den amerikanischen Prärien verschwunden waren. Dann würden die Biberburgen leer sein, die Dämme, die sie gebaut, verfallen, die Seen, die sie geschaffen, austrocknen.

Er war ein Trapper gewesen, er hatte das Leben in der Freiheit der Wälder geliebt, und er würde nie anders leben wollen; aber er konnte nicht mehr töten. Die Waffen waren ihm aus der Hand genommen worden, er wußte nicht wie. Wie Abgesandte eines verlorenen Volkes waren diese beiden kleinen Biber zu ihm gekommen und hatten ihm eine Botschaft gebracht. Er hatte einige Zeit gebraucht, sie zu verstehen, dann wußte er, was ihre Botschaft enthielt. Ahmek, der Schutzgeist und Vater der Biber, hatte sie zu ihm geschickt.

Er erinnerte sich jetzt an vieles, und McGinty und McGinnis brachten diese Erinnerungen zurück. Er erinnerte sich des Bibers, den er durch seinen Schuß nur verletzt hatte und der mühsam zum Ufer schwamm. Dort hatte er sich ausgestreckt und ihn mit einem Blick angesehen, den Grey Owl lange nicht vergessen hatte. Er erinnerte sich eines Morgens vor Jahren ... als der Nebel sich über dem See hob, sah er einen Biber schwimmen. Er gab den Lockruf und wartete auf den Augenblick, in dem er schießen konnte. Er sah, wie der Biber sich im Wasser emporhob und schnüffelte und dann auf seinen Tod zuschwamm. Nicht weit von Grey Owl hielt er inne, um den anderen Biber zu finden, der ihn gerufen hatte, und als er ihn nicht fand, schwamm er ruhig davon. Grey Owl hätte schießen können, und er konnte nicht. Plötzlich sah er den zauberhaften, frischen Morgen. Das Tier war glücklich, zu leben, froh, im Licht der jungen Sonne zu schwimmen und nach einem langen Winter wieder frei zu sein. Es hatte ein Recht, zu leben. Er konnte nicht schießen, nicht an diesem Morgen, und so ließ er den Biber davonschwimmen und verschwinden. Und plötzlich hörte er die Stimmen des Morgens in den Bäumen, im Wasser, überall, ein Loblied des Lebens, von der großen Natur gesungen; er war froh, die Stunde nicht verletzt zu haben.

Auch der Indianer hatte den Biber gefangen, aber er hatte es mit Achtung vor einem Tier getan, das mit erstaunlicher Intelligenz und umsichtiger Ausdauer Seen geschaffen, Flüsse reguliert und sich in den Wäldern

Haus und Heimat geschaffen hatte, und der Indianer hatte seine Söhne angewiesen, das Leben des Bibers zu beobachten, von dem sie vieles lernen konnten. Dann waren, nach dem ersten Versuch der Annäherung von John Cabot, 1497, die ersten Franzosen in das Land gekommen.

Die Geschichte der Entdeckung und Besiedlung Kanadas war die heroische Geschichte von einzelnen, und beinahe vom ersten Tage an war sie die Geschichte des Pelzhandels gewesen. Cartier hatte sich 1534 den St.-Lorenz-Strom emporgetastet, bis zum Ort der indianischen Dörfer Stradacona und Hochelaga. Dann war Champlain gekommen; 1604 war Port Royal, die erste *habitation,* auf Neu-Schottland oder Akadien, wie die Franzosen es nannten, gegründet worden. Im Jahre 1608 war Quebec, die Mutter aller Städte des amerikanischen Kontinents, angelegt worden.

Die Suche des Weges nach Cathay im fernen Osten wurde zur Suche nach dem Pelz. Der Biber vor allem, der die Wälder bevölkerte, leicht gefangen werden konnte und dessen Pelz wertvoll und zweckmäßig war, wurde das Tauschobjekt im Handel zwischen Franzosen und Indianern, die auf den Nebenflüssen des St.-Lorenz-Stromes und auf dem mächtigen Strom selber herabkamen. Quebec, Montreal, Trois, Revières waren die Vorposten französischer Kolonisation und zugleich schnell wachsende Mittelpunkte des Pelzhandels. Die 1627 von Richelieu gegründete Kompagnie von Neu-Frankreich brachte Siedler nach Kanada und Pelze in Fülle zurück. Der Biberpelz wurde zur Münzeinheit. Die Entdeckung unbekannter Seen und Flüsse bedeutete die Erschließung neuer Gebiete des Pelzhandels. Die Anlage von Missionsstationen durch die Jesuiten und andere Orden war auch die Anlage von neuen Handelsniederlassungen. Sieur de la Salle, dessen Name neben den Namen großer Entdekker stand, und La Vérendrye, der mit seinen Söhnen durch das Grasmeer der Prärien nach Westen vordrang, erweiterten das neufranzösische Reich und eröffneten neue Handelsgebiete. Die *coureurs des bois,* verwegene Einzelgänger, die aus der Enge der Siedlungen am St.-Lorenz-Strom ausbrachen, handelten auf eigene Faust in den Wäldern. Zwei von ihnen, Radisson und Grosseilliers, stießen in der zweiten Hälfte des 17. Jahrhunderts nach Norden bis zur großen Bai vor, die 1610 von dem englischen Seefahrer Hudson auf der Suche nach der Nordwest-Passage gefunden und nach ihm genannt worden war; auf sie war die Gründung der Hudson Bay Company zurückzuführen. Die Hudson Bay Company, deren Zeichen der Biber war, war die erste Kompanie, die in ihren Gebieten Schonzeiten einführte.

Während die französischen Kolonisatoren und Pelzhändler im Süden mit den Holländern von New York und den von den Holländern mit Waffen versehenen Irokesen zusammenstießen, erweiterte die Hudson Bay Company ihre nördlichen Gebiete. Die Reibungen mit den Franzosen, deren Pelzhandel unter dieser Konkurrenz empfindlich litt, führten zu Auseinandersetzungen und zum Krieg. Frankreich verlor sein kanadisches Reich an England. Die Biber in den Wäldern bauten ihre Burgen und Dämme, fällten Stämme und hielten die Wasserwege in Ordnung, auf denen ihre Jäger kamen.

Die Geschichte der Eroberung von Kanada war die Geschichte des Pelzhandels und des Bibers. Die North West Company von 1784, für die Alexander Mackenzie bis zur Mündung des Stromes vordrang, der seinen Namen erhielt, und bis zur pazifischen Küste, wurde zur bitter bekämpften Rivalin der Hudson Bay Company, und Grand Portage am Oberen See wurde das große Zentrum des Pelzhandels, Treffpunkt der Kanu-Brigaden und Händler von Ost und West. Neue Gebiete wurden erschlossen. 1821 vereinigten sich beide Kompanien unter dem Namen der Hudson Bay Company, und unter Simpson, dem imperialen Kaufmann, den seine Freunde und Feinde »the little Emperor« nannten, nahm die Kompanie einen mächtigen Aufschwung. Er war die Spitze eines Staates von fast militärischem Aufbau in einem Land britischer Autorität. Die Vorschriften der Hudson Bay Company in knappem Stil umfaßten sechzehn Druckseiten; sie bestimmten alles.

Nach ein paar hundert Jahren rücksichtsloser Ausbeutung war der Biber in Kanada fast ausgerottet. Dann hatten die kanadischen Provinzen eine Schonzeit von unbegrenzter Dauer verordnet, und die Biber hatten wieder angefangen, Flüsse und Seen zu bevölkern. Grey Owl hatte die Jahre vor dem Weltkrieg gekannt, als jeder See seine Biberkolonie besaß. Die Schonzeit war wieder aufgehoben worden, die Ausrottung hatte wieder begonnen. Immer mehr »wilde« Trapper kamen in die Wälder. Biberburgen wurden mit Dynamit gesprengt, Dämme wurden zerstört, die Muttertiere wurden im Frühjahr gejagt.

Dann hatte die Provinzialregierung von Ontario die Zahl der Biber, die gefangen werden durften, festgesetzt, aber die »wilden« Trapper fanden genug Auswege, um mit hundert Pelzen aus den Wäldern zu kommen, obgleich ihnen nur zehn erlaubt worden waren. Die Indianer waren gezwungen, an der Ausrottung teilzunehmen.

Grey Owl kannte diese Art von Trappern. Sie waren Totschläger, denen an der Erhaltung der Biber nichts lag, und sie waren blind für den Scharfsinn und die Klugheit dieser Tiere, die sich beim Bau der Dämme und Burgen den Verhältnissen des Ortes anpaßten und alle Schwierigkeiten meisterten. Die Dämme, manchmal hundert Meter lang und zwei Meter hoch, waren Werke von Intelligenz und Fleiß. Die Biberburg war das Ergebnis sorgfältiger Arbeit, mit Wasserloch, Futterplatz und einer mit feinen Spänen bedeckten Schlafstätte.

Es war leicht, den Biber zu fangen. Der Trapper öffnete den Damm und stellte in dieser Öffnung seine Falle auf. Der Biber bemerkte das Sinken des Wasserspiegels in seinem Bau, wollte die offene Stelle ausbessern und ging in die Falle. Um sich zu retten, sprangen sie in das Wasser und ertranken, da ein schwerer Stein an der Falle sie unter Wasser hielt. Grey Owl kannte das alles, so hatte er den Biber jahrelang gefangen.

Er wollte und konnte das nicht mehr tun. Aber wovon wollten sie beide dann leben? Der Biberpelz war die Grundlage seines Lebens als Trapper gewesen. Er mußte nach einem Jagdgrund suchen, der genug andere Pelze geben würde. Und dann wollte er eine Biberkolonie gründen, sie pflegen, erhalten, schützen! Aber wo konnte er eine Biberfamilie finden? Vielleicht in einem Gebiet weiter im Norden. Das waren ungelöste Fragen, und der ganze Plan war noch verschwommen. Vorerst wußte er nur, daß McGinty und McGinnis es ihm unmöglich machten, jemals wieder Biber zu fangen. Alles, was er besaß, waren zwei Biber, ein unbestimmter Plan und Rechnungen.

Aber da war noch jemand: Anahareo. Sie würde das Abenteuer mit ihm teilen. War nicht alles so gekommen, weil sie bei ihm war? War nicht alles von ihr ausgegangen? Sie hatte die Biber gerettet.

Er habe, sagte er zu ihr, andere Arbeit gefunden; und er versuchte, ihr zu erklären, was er im Sinn hatte. Ihr Gesicht wurde hell.

Sie wußten nicht, wie die Zukunft sein würde. Aber an diesem Abend war alles Hoffnung, und der Ofen in Sunset Lodge strömte Verheißung aus. Sie sahen zu McGinty und McGinnis hinüber, die auf dem Bett eingeschlafen waren. Für diese beiden Abgesandten eines aussterbenden Volkes gingen sie einem Abenteuer entgegen, von dem sie jetzt nur wußten, daß es angefangen hatte.

Lange Reise – doch wohin?

Das Feuer, an dem man einen Abend lang gesessen hat, brennt während der Nacht nieder, und am Morgen glimmt nur noch etwas Glut in der Asche. Am Tag sieht überhaupt alles anders aus als in der warmen Stille vor den Flammen. Mit kühlem Gesicht treten die Probleme ein, auch in Sunset Lodge, und fragen: Was nun? Man hat abends Entscheidungen getroffen. Man wird Dinge, die zwanzig Jahre lang getan wurden, nicht mehr tun. Aber was kommt nach der Entscheidung? Wohin führt der erste Schritt?

Vielleicht sollten sie in das Grubengebiet von Cobalt gehen. Seit einiger Zeit lebte bei ihnen David »Weißer Stein«, ein alter Algonquin-Indianer. Er war klug und erfahren, sprach fließend Französisch und Englisch, war ein vorzüglicher Trapper, der auch die Welt außerhalb der Wälder kannte. Er war Arbeiter beim Bau der Canadian Pacific Railway gewesen, die den Westen öffnete, und hatte im vergangenen Jahr ein Silbervorkommen gefunden; nur hatte er das Anrecht darauf nicht erwerben können.

Nördlich von Cobalt gab es noch gute Jagdgründe. Grey Owl hatte einige Bedenken, sofort aufzubrechen; sie wollten wenigstens bis zum Frühjahr warten. Das Ganze sah wie ein vernünftiger Plan aus. Sie konnten Davids Anrecht, von dem er so überzeugend sprach, verkaufen und dann weit nach Norden gehen, um den Traum von der Biberkolonie wahrzumachen.

Da erschien Joe Isaac wie ein Zauberer, der gewußt hatte, daß man seinen Rat brauchte. Joe war ein Micmac-Indianer. Keiner wußte, wie alt er war, aber nach allem, was er erfahren hatte, hätte er gut hundert Jahre alt sein können. Er kannte die Welt und wußte alles. Man brauchte ihn nur mit einem Wort anzurühren, und er setzte sich in Bewegung, um zu erzählen, und solange er sprach, glaubte der Zuhörer ihm aufs Wort. Er hatte Dutzende von Berufen gehabt. Was er jetzt war und wovon er lebte, wußte keiner, aber er lebte, und jetzt erschien er in Sunset Lodge, um einen Garten Eden zu beschreiben. Sie suchten nach einem hervorragenden Jagdgrund? Er wußte ihn. Es gab dort fast zuviel Wild, und er kannte das Gebiet selber ganz genau, er hatte dort eine Hütte besessen. Sie wollten Biber finden? Dort gab es mehr als genug. Es war absolut das, was sie brauchten.

Grey Owl fragte ihn vorsichtig aus, um den großen Erzähler eines großartigen Lebens nicht zu verletzen. Wenn er von Joes Erzählungen einen beträchtlichen Teil abzog, sah das Gebiet von Temiscouta durchaus wie der Platz aus, wo sie in aller Ruhe leben konnten, ohne hungern zu müssen. Temiscouta war ziemlich weit weg, wie sie auf der Karte sahen; es lag im Osten der Provinz Quebec, und sie mußten über Quebec und Montreal nach Rivière du Loup am St.-Lorenz-Strom fahren, dann eine Nebenbahn benutzen, um in das Fluß-und Seengebiet von Temiscouta zu gelangen. Es sah, nach Joes Erzählung, wie ein unberührtes Land aus.

Der Zauberer verschwand, als er sein Werk getan hatte. Den alten David konnten sie nicht mitnehmen, da sie alles Geld für ihre eigenen Fahrkarten brauchten. Aber sie versprachen ihm, zu schreiben, sobald sie festen Grund unter den Füßen hätten.

Und so Lebwohl der Hütte, in der sie beide zusammen angefangen hatten, Lebwohl ihrem Beginn mit allen Reibungen, Mißverständnissen und Anstrengungen, allem, was sie zusammen unternommen hatten, um so unerwartet und ganz anders, als sie gedacht, den wirklichen Anfang zu finden. Sie würden Sunset Lodge nie vergessen; aber sie nahmen den lebendigsten und besten Teil davon mit, denn in einer festen Krise hörten sie die schrillen Stimmen von McGinty und McGinnis. Lebwohl allen vertrauten Anblicken, dem Wald, dem See, dem Kommen und dem Schwinden des Lichts.

Dann war alles um sie Fremde, Montreal, Quebec, die großen Städte, der große Strom. Sie waren aus dem englisch sprechenden Ontario gekommen, und jetzt fuhren sie durch Quebec, das alte französische Kernland von Kanada. Sie waren im eigenen Land, und zugleich war es ein fremdes Land, französisch, ohne europäisch zu sein, und tief geborgen in Tradition. Der Zug überquerte den mächtigen St.-Lorenz-Strom, der unterhalb von Quebec so breit wurde, daß man kaum noch von einem Strom sprechen konnte, und vom Meer her kam die anschwellende und zurückflutende Bewegung der Gezeiten. Er war die riesige Straße des Kontinents. Die Ufergebiete des Stromes waren einst Kanada gewesen, in Champlains Zeiten. Hier, unter den Händen französischer Gouverneure, die von Versailles und Paris geleitet wurden, war der Traum von Neu-Frankreich auf dem amerikanischen Kontinent entstanden; hier war der Traum zerfallen, und Kanada war englisch geworden, aber Quebec war noch immer das alte Herzland.

Sie fuhren am St.-Lorenz-Strom entlang nach Nordosten, ihre Begleiter McGinty und McGinnis, die manchmal, wenn sie aus der Kiste herausgelassen wurden, neugierig und ungeduldig im Gang zwischen den Sitzen auf und ab gingen. Rivière du Loup; dann fuhren sie nach Südosten durch gepflegtes Ackerland und Dörfer. Sie sahen Straßen und Fabriken, aber kaum Wald. Worauf hatte er sich eingelassen? Er war für drei Wesen verantwortlich, und es kam ihm vor, als gingen sie wie Pilger einem Ziel entgegen, von dem sie außer dem Namen nichts wußten.

Das Land wurde stiller; waldige Hügel lagen in der Ferne, ein See blitzte auf, dann sahen sie den Temiscouta-See zu Füßen eines Waldberges, der dem Rücken eines Elefanten glich, und Wälder, nun dicht und endlos, begleiteten die Fahrt. In Cabano, der Bahnstation von Touladi, holten sie ihre Ausrüstung aus dem Gepäckwagen und ließen alles auf einem Lastwagen durch den kleinen Ort zum Ufer des Sees bringen. Hier schlugen sie ihr Zelt auf und ließen McGinty und McGinnis frei, die entzückt die Freiheit genossen.

Von Cabano führte eine Fähre über den See, und jenseits in den Wäldern lag der Touladi-See, von dem der Zauberer Joe Isaac so verheißungsvoll gesprochen hatte. Die Leute, die mit der Fähre herüberkamen und neugierig das Zelt der Wilden umstanden, der *sauvages,* waren überaus freundlich und brachten ihnen zu essen.

Alles war anders, als sie sich gedacht hatten, und ohne die Freundlichkeit und Teilnahme, die sie empfingen, hätten sie sich elend und verloren gefühlt. Joes Zauberei löste sich jetzt schon auf. Was Grey Owl von einem englisch sprechenden Irländer hörte, war niederschmetternd. Der Wald war groß und floß beinahe bis zum Atlantik. Aber Pelztiere gab es darin kaum, und von einer Biberfamilie irgendwo an einem See hatte er gehört.

Dann fing das Unglück an. McGinty und McGinnis verloren ihr Haar, fraßen nicht mehr und scheuten das Wasser. Sollte der Traum enden, ehe sie am Ziel angekommen waren? Grey Owl ging zum Arzt des Ortes. Er war freundlich, untersuchte die Biber, verschrieb für sie eine Salbe und verlangte nicht einen Cent für seine Mühe.

Es war wohltuend, einen solchen Freund zu treffen, denn Grey Owl besaß nur noch dreißig Cents. Aber die Salbe kostete fünfundsiebzig. Er nahm sich ein Herz und ging mit Anahareo zu einem Kaufmann. Ob er die Medizin auf Rechnung bekommen könnte? Es war eine absurde Frage. – Gewiß; ob er sonst noch etwas brauchte, fragte der Kaufmann auf französisch. Natürlich brauchten sie für den langen Winter Proviant. In Temiskaming und Biscotasing war es üblich gewesen, den Winterproviant auf Rechnung zu kaufen und im nächsten Frühjahr zu bezahlen, wenn man mit Pelzen aus den Wäldern kam. Aber hier? – Der Kaufmann kannte ihn überhaupt nicht.

Wo er jagen würde, fragte der Kaufmann. – Im Gebiet von Horton, antwortete Grey Owl. – Das sei eine hübsche Gegend, sagte der Kaufmann und griff nach seinem Buch, um den Auftrag niederzuschreiben. Belaney sah ihn fassungslos an; dann zählte er auf, was er brauchte, und sie verließen den Laden mit einem schweren Packen. Sie waren in einem Wunderland, in dem man Fremden vertraute.

Alles war gut. McGinnis und McGinty würden wieder gesund werden, und sie konnten ohne Sorgen leben. Ein paar Tage später verließen sie den Ort, an dem sie so viel Freundlichkeit erfahren hatten. Es war Herbst im Lande von Touladi, und die Luft schmeckte schon nach dem ersten Frost. Sie mußten sich beeilen, an ihrem Ziel anzukommen, ehe der Winter da war.

Der Touladi-Fluß floß schnell und klar, aber er war so seicht, daß Grey Owl das schwerbeladene Kanu nur stakend vorwärtsbringen konnte, bis sie nach einem ganzen

Tag zu einem kleineren See kamen. Die Leute eines einsamen Dorfes starrten die Fremden mißtrauisch an. Die Auskünfte, die er in einer Sägemühle erhielt, waren nicht ermutigend; bis zur Mündung des Steinbaches sollen es noch fünfzig Kilometer sein. Dann würden sie zu einem anderen See kommen, in dem es auch eine Biberfamilie gab.

Der Winter kam früh in diesem Jahr. Es fing an zu schneien, dünnes Eis setzte sich am Kanu fest, und der Boden des Kanus war eisig glatt. Das Boot schlug um, sie stürzten ins Wasser, und die im Ofen eingeschlossenen Biber wären beinah ertrunken. Mühsam brachten sie ihr durchnäßtes Gepäck ans Ufer und wärmten sich an einem Feuer, um sich dann auf dem Fluß weiterzuarbeiten. Er wagte Anahareo kaum anzusehen; dann sah er ihr junges Gesicht, und sie lächelte ihn an. Aber wieviel mehr konnte er ihr zumuten?

Der Steinbach war so seicht, daß sie das Kanu nicht mehr benutzen konnten, und sie mußten alles, was sie besaßen, durch undurchdringlichen Wald schleppen. Wenn das eine lange *portage* genannt wurde, dann hatte er so etwas noch nicht gesehen. Er ging voraus, eine Last von anderthalb Zentnern auf dem Rücken, und suchte nach einem Weg durch den Wald. Hinter sich hörte er den Atem von Anahareo, die ihren Packen trug. Dann warfen sie die Lasten nieder und gingen zurück, um andere Stücke des Gepäcks zu holen, bis sie alles zusammen hatten. An einem Tag kamen sie einen oder einen halben Kilometer vorwärts, manchmal nur ein paar hundert Meter. Dann schlug er das Zelt auf, kochte, und für eine Nacht war die Anstrengung vergessen; nicht die Ungewißheit. Vielleicht gab es den See gar nicht. In den Wäldern von Ontario hätte er längst mit der Winterjagd angefangen; hier sah er nicht einmal Fährten von Pelztieren. Sie bewegten sich durch weiße, feindliche Leere.

Die Kälte nahm zu. Die Kartoffeln, die sie mitgenommen hatten und die einen wichtigen Teil ihres Wintervorrats ausmachten, erfroren. Sie lachten darüber und bedauerten nur, daß sie die Säcke solange hatten schleppen müssen; aber das Lachen war nicht fröhlich. Wenn nachts das Feuer im Zelt ausging, vereisten die Zeltwände, so daß Grey Owl sie am Morgen kaum zusammenrollen konnte. McGinty und McGinnis freilich fühlten sich in ihrem Ofen durchaus wohl. Nachts schliefen sie bei Grey Owl und Anahareo unter den Decken.

Nach einer Reihe von erschöpfenden Tagen konnten sie dem Lauf des Baches nicht mehr folgen, da er plötzlich die Richtung änderte. Aber sie fanden einen Weg, auf dem irgendwann Holz aus dem Wald gefahren worden war. Sie stießen auch auf ein verlassenes Holzfällerlager, und ein leeres Faß, das sie entdeckten, war für McGinty und McGinnis ausgezeichnet als Tagesaufenthalt geeignet, und sie gewöhnten sich daran. Wenn Grey Owl und Anahareo mit ihren Lasten herankeuchten, hörten sie schon die schrillen Stimmen der Biber, die ihre Freunde willkommen hießen.

Nach zehn Tagen waren sie noch immer unterwegs, und Anahareo war erschöpft. Sie blieb tagsüber im Zelt, und er trug die Lasten allein.

Eines Tages ließ er Anahareo und die Biber im Lager zurück und schlug sich allein durch den Wald nach Osten, um den See zu finden. Er spähte nach Fährten. Hirsche und Rehe gab es jetzt hier in Fülle, und so würden sie im Winter genug Fleisch haben. Fährten von Pelztieren sah er nicht. Er arbeitete sich durch einen vereisten Sumpf voller Zedern, und endlich fand er einen kleinen See, kaum länger als einen Kilometer. Das war also Joe Isaacs Zaubersee im Garten Eden. Immerhin entdeckte er die Burg einer Biberfamilie.

Es war Abend geworden, eisig kalt, und der Mond war aufgegangen. Er stand auf einem Hügel und sah über die stumme Wildnis hin. Das war das gelobte Land, in das er sich selber und drei Wesen, die an ihm hingen, geführt hatte. Er glich einem Späher, der das ersehnte Land gefunden hatte, aber in seinen Gedanken war keine Freude. Er war ein Träumer, ein Narr; er, der die Wirklichkeit kennen sollte, hatte sich auf etwas Unsinniges eingelassen, und er konnte die Schatten des Unglücks schon auf den Hügel heraufwachsen sehen. Da lag der kleine See. Die Biberfamilie schlief jetzt in warmer Stille. Er hätte sie ebensogut vernichten können, zusammen mit den Resten des Traumes von der Kolonie der Biber. Er, der Schützer, der Pfleger, der sich wer weiß was vorgenommen hatte, war am Ende angekommen.

Dann sah er zurück und konnte das Tal erkennen, in dem ihr Zelt stand; er sah ein winziges Fünkchen, den Schein des erleuchteten Zeltes. Da war sie, Anahareo, er konnte sie sehen, wie sie am Ofen saß, und McGinty und McGinnis rannten hin und her und antworteten auf das, was sie zu ihnen sagte. Da waren sie, die zu ihm gehörten, und der schwache Schein des Zeltes war das einzige Licht in der ungeheuer schweigenden Winternacht, und sie warteten auf ihn. Er war am Grund angekommen, er wußte es. Doch wenn man am Grund angekommen war, wachte man auf, und man arbeitete sich aus dem Loch wieder heraus. Zurückgehen? Dorthin, woher sie gekommen waren? Das hieß als jemand zurückkommen, der seine Schulden nicht bezahlten konnte. Dann mußte er die beiden Biber verkaufen, und auch dann würde er nicht genug Geld haben. Er selber war jetzt in einer Falle.

Langsam ging er den Hügel hinab. Dieses Zelt, dessen Wände morgen früh wieder hartgefroren sein würden, war jetzt alles, was sie als Zuhause besaßen. Es war nicht viel, aber es war ein Zeichen, daß sie noch lebten. Als er die Zeltwand zurückschlug, kam ihm Wärme entgegen, er sah das Lächeln auf Anahareos jungem, stolzem Gesicht, und die beiden Biber rannten ihm entgegen. Hier war sein Zuhause. Solange man das hatte, gab man nicht auf. Man gab überhaupt nicht auf. Er berichtete und verschwieg das meiste.

Am nächsten Tag schleppten sie ihre Lasten weiter, und endlich konnten sie das Zelt am See aufschlagen, nicht weit vom Bau der schlafenden Biberfamilie. Sie waren angekommen, und mehr wußten sie vorerst nicht.

Er saß am Ofen und öffnete die Tür, um den Schein der brennenden Scheite zu sehen, und rauchte seine Pfeife. In der tiefen Stille konnte er Anahareos ruhigen Schlafatem hören, und er sah das zuckende Licht auf ihrem Gesicht. Sie war mit ihm bis hierher gegangen, und nicht einmal hatte sie geseufzt. Nichts war leicht gewesen, alles war anders gegangen, als es hätte sein sollen. Er wußte jetzt, was Mut, Treue, Zuverlässigkeit bedeuteten. Sie waren nicht nur Mann und Frau. Sie waren Gefährten.

Das volle Leben

Die Blockhütte stand an einem günstigen Platz in einem
Gehölz von mächtigen Fichten. Unter den hohen Bäumen nahm sie sich winzig aus; aber sie war ihr Haus, sie
hatten es in elf Tagen schwerer Arbeit gebaut, Bäume
gefällt, Stämme geglättet und aufeinandergelegt und die
Ritzen mit Moos verstopft. Jetzt waren sie wirklich angekommen.

Grey Owl schlug einen ausreichenden Vorrat an Feuerholz und schoß einen Hirsch, so daß sie für die nächste
längere Zeit reichlich Fleisch hatten. Es ging schon auf
Weihnachten zu, aber nach Feiern war ihm nicht zumute.
Er dachte an die Rechnung bei dem freundlichen Kaufmann, und er wußte nicht, wie er sie im nächsten Frühjahr bezahlen sollte. Er durchstreifte das eisige, stumme
Land auf der Suche nach Fährten von Luchsen und Füch-
sen, er wanderte über Hügel und verlor sich in leeren
Tälern, aber er fand nicht eine einzige Fährte. Manchmal
war er von der Hütte zu weit entfernt, um noch zurückgehen zu können; dann lag er nachts am Feuer, in eine
Decke gewickelt wie in alten Zeiten, aber jetzt waren die
Zeiten nicht mehr gut, und er grübelte.

Tauwetter setzte überraschend ein, das Gehen im
schlammigen Schnee wurde anstrengend. Dann fror es
wieder, und er brach bei jedem Schritt durch die scharfe
Kruste über dem Schnee ein. Anahareo und die Biber
waren zu Hause. Wie lange würde er dieses Zuhause halten können? Die Rechnung... Er mußte die Biber in
ihrem Bau fangen, dann wurde er diese Last los, und
dann konnten sie ruhig und ohne Hoffnung weggehen –
doch wohin?

Als er wieder zu Hause war, bereitete er vier Fallen vor. Anahareo half ihm dabei, ohne ein Wort zu sagen. Sie brauchte nichts zu sagen, er wußte, was sie dachte. Stumm ging sie mit ihm am nächsten Abend zur Biberburg und half ihm, die Fallen aufzustellen. Als sie sich umwandten, um zu gehen, hörten sie aus der Tiefe des Baues plötzlich eine Stimme wie die eines Kindes und dann eine andere. Grey Owl hörte ein Plätschern unter dem Eis; das Biberweibchen kam heraus. Und mit einem Sprung war er bei der ersten Falle, ließ sie zuschnappen und dann schloß er die anderen Fallen. Dann gingen sie wortlos nach Hause. Als sie die Tür öffneten, rannten ihnen McGinty und McGinnis entgegen, und Anahareo preßte sie an sich und sah Grey Owl an.

Es war zwecklos, durch die Wälder zu gehen und nach Fährten zu suchen, die es nicht gab, und er blieb zu Hause, ohne zu wissen, was kommen würde. Das alte Lachen war vorbei, ein neues zeigte sich nicht. Er saß in der Hütte und versuchte zu denken und konnte es nicht. Er war von seiner Vergangenheit getrennt, die Gegenwart war eine Falle, die ihn umschlossen hielt, die Zukunft konnte er nicht sehen. Er sah die Biber hin und her rennen, immer geschäftig. Sie genossen jeden Augenblick des Tages, erwarteten immer etwas, stritten miteinander und schliefen plötzlich ein. Dann fingen sie an, unter dem Bett ihr eigenes Haus zu bauen, sie gruben eine Höhle, errichteten zwischen Bett und Fußboden eine Schutzwand, und während der eine die Höhle auswarf, arbeitete der andere wie ein Maurer. Am Ende des langen geschäftigen Tages waren sie müde, und jeder von ihnen legte sich in die Arme seines Freundes. Dann war die Hütte still, das Feuer im Ofen brannte, und alles sah nach Geborgenheit aus.

Das Leben in der Hütte schien andere Tiere anzuziehen, als spürten sie, daß hier Freundlichkeit war. Anahareo schloß Freundschaft mit einer Bisamratte, die sie Falstaff nannte, weil sie so fett war. Eichhörnchen huschten herum.

Alles das erleichterte die Tage, aber sie waren lang, da nichts geschah. Was würde im Frühling sein? Er wußte es nicht. Er las einen Packen alter Zeitschriften, die sie mitgeschleppt hatten. Abends saßen sie vor der offenen Tür des Ofens, und Anahareo liebte es, wenn Grey Owl erzählte. Dann kamen aus dem zuckenden Knistern des Feuers und aus den Schatten an der Wand die guten, vollen Jahren in den Wäldern von Ontario zurück, das erste Gewehr, die ersten Schneeschuhe, der erste Winter mit Michelle, das unvergleichliche Morgenlicht des Lebens. Die Flüsse kamen zurück, Mississauga, Mattawgami, Spanischer Fluß, Weißer Fluß, die Nächte im Wald, die wechselnden Zeiten des Jahres und mit ihnen die Gesichter und Stimmen derer, die seine Freunde gewesen waren, Geschichten von Indianern, von Tieren, die er gejagt hatte, von dem Elchbullen, der ihn verfolgt hatte, von Wölfen, die er überlistete. Der kleine Raum der Hütte wurde weit, das Leben von mehr als zwanzig Jahren entfaltete sich, und der Geschmack von Anstrengung und Freude kam zurück.

Warum er solche Geschichten nicht niederschrieb, sagte Anahareo plötzlich zu ihm. Warum es nicht versuchen? Man konnte so etwas an Zeitschriften schicken. Das, was er erzählte, war viel lebendiger als viele Geschichten, die sie gelesen hatte, und sie war eine eifrige Leserin. – Er konnte nicht schreiben. Wie sollte er das anfangen? Sein Englisch war, obgleich er einst eine gute Schulbildung gehabt hatte, auf sein Leben in den Wäldern zugeschnitten.

Doch unversehens fand er sich am Tisch sitzen, den er selber aus Tannenholz gezimmert hatte, und hielt einen Bleistift in der Hand. Seine Hand war schwer, aber sie fing an, sich zu bewegen, langsam zuerst, mühsam; er war bei der Arbeit des Schreibens. Ein Satz folgte dem andern und kam von irgendwoher in die Hand. Woher kamen die Gedanken, die zu Sätzen wurden, die Bilder? Aus dem Feuer, das im Ofen knackte, aus Anahareos schlafendem Gesicht, aus dem Kerzenlicht, das zu zucken begann, wenn sein Atem es traf? In den Sätzen erschien etwas, wie in Spiegeln, in die allein er sehen konnte – Bären, Elche, Bisamratten, Biber; Dinge, vor langer Zeit gesehen, Ereignisse, auf die sich die Zeit gelegt hatte. Alles war wieder, wie es einst gewesen war, und wenn er so schrieb, trat der Tag zurück, und es gab für lange Augenblicke die Zeit nicht mehr. Wenn man etwas schrieb, war man zu gleicher Zeit in zwei Zeiten und an verschiedenen Orten, im Vergangenen, das wieder Gegenwart wurde, und hier, an diesem Tisch. Es war etwas anderes als Fallen stellen, einen Schlitten ziehen, ein Tier abhäuten; aber es war eine Art von Arbeit. Und dann spürte er, daß ihm, wenn er eine Geschichte schrieb, andere Geschichten einfielen, und er schrieb schneller, um alles zu fassen. Er las Anahareo vor, was er geschrieben hatte, und sie änderten zusammen, strichen aus, verbesserten. Der Gedanke kam ihnen, mehrere der kleinen Stücke zu einer längeren Geschichte zu vereinigen, und er saß eine Woche lang am Tisch, und zuletzt hatte er sechstausend Wörter geschrieben. Es kam ihm vor, als sei sie besser als manche der Geschichten, die er in den zerlesenen Zeitschriften gefunden hatte. In jedem Fall hatten sie Spaß daran gehabt, und die Zeit war vergangen. Und warum sollte nicht eine Zeitschrift seine Sache abdrucken? Das würde zudem einen Scheck bedeuten, vielleicht schon in einem Monat.

Er packte das Manuskript in einen Umschlag, legte eine große Anzahl von Fotos, die er gesammelt hatte, dazu, und adressierte den Brief an die englische Zeitschrift »Country Life«. Dann machte er sich auf den Weg nach Cabano, zurück in die Welt, der sie entfallen waren.

Hier, in diesem eisigen Wald, waren sie gegangen, hier hatten sie die Lasten geschleppt und gerastet. Hier waren sie am Ende ihrer Kraft gewesen. Jetzt hatte der Wald seine Leere verloren, weil es dahinten am See eine Hütte mit drei Wesen gab, die ihm alles bedeuteten.

In Cabano gab er den Brief auf, dann ging er beklommen zu dem freundlichen Kaufmann. Erstaunlich – möglicherweise gehörte das zu den Wundern, die um Weihnachten herum manchmal geschahen –: der Kaufmann ermunterte ihn geradezu, Sachen zu kaufen, Kerzen, eine Flasche Wein, Stoff für ein neues Kleid für Anahareo, obgleich sie immer in Hosen und Stiefeln ging.

Ein Schneesturm jagte durch die Wälder, als er nach Hause ging, doch als er durch die wirbelnde weiße Wildnis stapfte, war ihm wohl; er ging nach Hause. Und da waren sie, alle drei; auch McGinty und McGinnis hatten ihn vermißt und nach ihm gesucht.

Sie feierten Weihnachten, und auch die Biber bekamen ihren Baum, an dem Anahareo Süßigkeiten aufhängte, und sie sahen zu, wie McGinty und McGinnis zugriffen. Sie öffneten die Flasche Wein, die der freundliche Kaufmann Grey Owl aufgedrängt hatte, und tranken zum Wohl all derer, die sie kannten, hier und überall, zum Wohl der Tiere des Waldes, der Biberfamilie, die am See in ihrem Bau schlief, der Vögel und Eichhörnchen, zum Wohl ihrer beiden Freunde und Begleiter, die ihr Leben geändert hatten und die jetzt erschöpft vom Wirbel des Festes in ihrer Höhle unter dem Bett lagen. Als sie vor die Tür traten, war überall tiefe Stille, aber sie war nicht mehr tot und kalt, weil sie zusammen waren.

Grey Owl und Anahareo

Freunde gehen und kommen wieder

Zögernd kam der Frühling auch in das Land von Touladi. Stürme brachten schwere Wolken, aus denen endloser Regen fiel. Die Bäume zitterten wie die Masten von Schiffen, unaufhörlich ging Flüstern, Rieseln und Brechen durch die Wälder, als versuche die Erde, sich von Fesseln zu befreien. Aus dem Rinnen wurde Fließen und Rauschen. Das Eis auf dem kleinen See zersprang wie ein Spiegel. Der Schnee an den Hängen schmolz, die schwarze Erde duftete nach Anfang, und dann kam die Sonne im Flammen neues Silbers, das den See füllte, an den Stämmen herablief, in unzähligen Lachen lag. Die Welt bekam wieder eine Stimme, zusammengeschmolzen aus den Stimmen von Erde, Wald, Himmel.

Das Frühjahr 1929 fing für Grey Owl und Anahareo unvergleichlich an. Sie gingen nach Cabano, um dort, wie Grey Owl halb scherzhaft, halb ernst sagte, den Scheck abzuholen, der für ihn schon seit einiger Zeit auf der Post liegen mußte. In Wirklichkeit fürchtete er den Weg. Wie konnte er dem großherzigen Kaufmann erklären, daß er jetzt noch nicht zahlen konnte?

Aber da war ein Brief für ihn, und der Postbeamte gab ihm dazu eine Drucksache. Er nahm beides an sich, und sie gingen hinaus. Zuerst den Brief. Er kam aus England von der Redaktion von »Country Life«. Er riß ihn auf. Es war gut, daß Anahareo dicht neben ihm stand. Dann hielt er den Brief des Redakteurs in der Hand – und ein längliches schmales Blatt von rötlicher Farbe: einen Scheck. Sie lasen die Zahl, und die Zahl klang gut, und sie sahen sich an und umarmten sich. Der Scheck deckte beinahe die ganze Rechnung. Er hatte einen Pfeil ins

Nichts abgeschossen, und der Pfeil war am Ziel angekommen.

Dann lasen sie den Brief des Redakteurs. Er schrieb, daß er den Aufsatz, obschon gekürzt, gern abgedruckt hätte, und er würde sich freuen, wenn Grey Owl andere Stücke dieser Art schicken könnte. Von den fünfzig Fotos hatte er leider nur ein paar verwenden können.

Sie sahen, was Grey Owl am Tisch in der Hütte geschrieben, Anahareo und den Bibern vorgelesen hatte, gedruckt mit eigenen Augen. Er wußte, wem er dieses unglaubliche Aufblitzen des Lichts verdankte. Sie stand neben ihm, jung, strahlend, und als sie jetzt glücklich lachte, hob sich die Braue über dem braunen, glänzenden Auge. Sie hatte sein Leben verändert, sie und die beiden Freunde McGinty und McGinnis, die zu Hause auf sie warteten. Jetzt stand die Tür offen, die Anahareo aufgestoßen hatte, das Licht flutete herein. Hurra für Anahareo, für McGinnis und McGinty! Hurra für alle, die in seinem Leben gewesen waren, seine Gefährten, für die Flüsse und Wälder von Ontario und Quebec, für das große Licht des kanadischen Himmels, unter dem er einst angefangen hatte. Hurra für das volle, harte Leben am Grunde, für die Sterne und die Sonne von Kanada, für diese einsame, herbe Erde, die ihm Kraft und Leben gegeben hatte; für die roten Brüder in den »verborgenen Plätzen«.

Und ob der unbekannte Redakteur andere Artikel bekommen würde! Hunderte konnte er schreiben, denn er hatte gelebt und Leben gesammelt. Dann gingen sie zu dem Kaufmann. Auch er hatte dazu beigetragen, daß am Ende der Anstrengungen Morgenlicht erschien.

Wie leicht und hell der Rückweg zur Hütte war. Das gute, volle Leben fing an, und als sie von der Zukunft sprachen, überstürzten sich ihre Pläne. McGinty und McGinnis würden in einem Biberbau am See leben und eine Familie gründen, ihre Jungen würden wachsen. Dazu die Biberfamilie am See – langsam würde unter ihrem Schutz eine Kolonie entstehen, und kein Trapper würde sie stören oder vernichten. Andere Tiere würden kommen. Ein kleines Schutzgebiet, eine Zufluchtsstätte würde entstehen, von ihnen beiden betreut: Das war die Zukunft. Er würde Artikel und Geschichten schreiben, und Anahareo würde mit dem Fotoapparat, den sie soeben bei dem Kaufmann erstanden hatte, gute Bilder machen.

Nicht weit von der Hütte entdeckten sie im Schnee plötzlich Spuren von Schneeschuhen. Wer war hier gegangen – und zu ihrer Hütte hin? Ein Besucher? Was wollte er? Ein Fremder? Dann war es ein Trapper. Sie gingen schneller, sie sahen Licht in der Hütte, sie öffneten die Tür – David »Weißer Stein« stand vor ihnen.

Er war gekommen, endlich. Und übrigens hatte er als Geschenk etwas mitgebracht; zwei tote Biber, noch naß. Wo er sie gefangen habe, fragte Grey Owl mit trockener Stimme. – Hier, unten am See. – Der Traum von der Biberkolonie splitterte. – Wo die anderen seien . . . – Er hoffe, in den Fallen. – Besser, wenn sie gleich nachsähen. – Stumm gingen sie zum Seeufer hinab; der alte David verstand durchaus nicht, weshalb sie sich nicht freuten. – In den anderen Fallen fanden sie zwei junge ertrunkene Biber. Jetzt war der See verlassen, leer, kalt: von dem schönen Traum blieben nur noch McGinty und McGinnis. – Grey Owl häutete die Tiere ab und gab die Pelze dem alten David. Die nackten Körper der toten Biber legte er unter das Eis neben den Eingang zur leeren Biberburg.

Ein paar Tage später verließen sie mit David die Hütte. Die Holzfäller, die manchmal bei ihnen vorbeigekommen waren, hatten die Blockhütte das Haus von McGinnis genannt. Das war vorbei. Hier waren sie glücklich gewesen und verzweifelt und bedrückt. Hier, nach beinahe zu großen Anstrengungen, hatten sie begonnen, Licht zu sehen; jetzt war es wieder erloschen. Hier hatten sie sich ihrem Traum so weit genähert, daß sie ihn fast mit den Händen greifen konnten; er hatte sich aufgelöst. Der alte David, den sie gern hatten, hatte es nicht wissen können, was die Biber am See für sie bedeuteten, und sie ließen es ihn nicht merken. Aber er wußte, daß er keine Freude gebracht hatte.

Stumm zogen sie den *toboggan,* den David gebaut hatte, durch den schlammigen Schnee. Am Touladi-See, nicht weit von Cabano, fanden sie eine kleine Hütte, die Grey Owl von der Sägemühle überlassen wurde. Hier wollten sie bleiben, bis sie wußten, wohin sie gehen würden. Oft kamen Besucher zu ihnen, die gern die Biber sehen wollten, und Grey Owl und David lösten einander ab, um die Biber zu bewachen. Als sich ein Jäger in ihrer Nähe niederließ, brachen sie wieder auf und suchten einen neuen Lagerplatz, noch näher bei Cabano. David fand Arbeit im Ort und kam manchmal zu ihnen heraus. McGinty und McGinnis hatten am See eine alte, verlassene Biberburg entdeckt und arbeiteten wie besessen daran, um sie für sich wohnlich zu machen. Doch wenn Grey Owl und Anahareo am Ufer standen und riefen, kamen sie herübergeschwommen und zeigten ihre alte Zuneigung, und dann schwammen sie zurück und verschwanden in der Dunkelheit.

Vor einem Jahr hatten sie zwei winzige, zitternde Biber in ihr Kanu gehoben; jetzt waren sie kräftige Burschen, die ihr eigenes Leben führten. Ein Jahr... da war Sorge, Unsicherheit, Erschöpfung gewesen, aber auch Freude, Lachen und Frieden.

Und dann waren sie allein. McGinnis und McGinty waren nicht mehr bei ihnen.

»Am Abend jenes Tages«, schrieb Grey Owl in seinem Erinnerungsbuch »Kleiner Bruder«, »kamen sie geschäftig vom See heraufgeeilt, traten ein, kämmten und säuberten sich gründlich, sprachen laut und lang, streiften um das Zelt wie ehedem. Offenbar erkannten sie es wieder. Kein Wunder, wo es doch ihr halbes Leben lang ihre Heimat gewesen war. Sie berochen den Ofen, und McGinnis verbrannte sich die Nase; McGinty warf die Vorratskiste um, so daß das frisch gebackene Kuchenbrot herausfiel, von dem sie sich den größten Teil einverleibten. Sie fühlten sich ganz zu Hause, machten die üblichen Spielchen, schliefen ein Weilchen – alles war wie einst am fernen Birkensee. Wir wurden ganz froh und freuten uns, wieder im alten, von demselben Öfchen erwärmten Zelt zu hausen, zusammen mit unseren kleinen Freunden. Nur zu bald verließen sie uns wieder und watschelten Seite an Seite zum See hinunter. Wir folgten ihnen wie immer zum Landeplatz und wünschten, sie wären noch so klein und hilflos wie ehedem.

Lange blickten wir dem glitzernden Kielwasser ihrer schwimmenden Leiber nach, lange, lange, bis die Dunkelheit alles verschlang. Nur noch einmal schwang als Antwort auf unseren Ruf ein langer, klarer Ton zu uns herüber. Ein zweiter, tieferer Laut folgte, die beiden Stimmen klangen ineinander, verschlangen, trennten, vereinigten sich wie zu einem Abschiedslied; die Hügel fingen den Schall auf und warfen ihn zurück, er verschwebte, verklang.

Und dieser lange, klagende Schrei aus der Dunkelheit war das letzte, was wir von ihnen hörten. Wir sahen sie nie wieder.«

Sie warteten. Dann fingen sie an zu verstehen, daß McGinty und McGinnis für immer fortgegangen waren, um ihr eigenes Leben zu führen. Aber sie konnten es nicht glauben, sie verloren zuviel, um den Verlust annehmen zu können, und jetzt, im Verlust, wußten sie, was ihnen diese beiden Tiere bedeutet hatten. Ihr Leben erschien ihnen plötzlich trocken und leer, da sie die schrillen Stimmen nicht mehr hörten, die Wärme ihrer Körper nicht mehr spürten, die vielen Zeichen ihrer Zuneigung nicht mehr empfingen. Daß die Biber eines Tages fortgehen würden, damit hatten sie rechnen müssen; aber jetzt waren sie unfähig, es zu glauben. Sie mußten zurückkommen, oder sie würden McGinty und McGinnis wiederfinden. Sie fingen an zu suchen, am See, am Fluß, im Wald, und nachts saßen sie im Zelt, aber alles war still und leer.

Es taten ihnen wohl, den alten David wiederzusehen. Er hatte tagelang auf eigene Faust nach den beiden Bibern gesucht und sie nicht gefunden. Selbstverständlich mußten sie wieder zwei Biber haben, und eines Tages nahm er Anahareo mit. Sie gingen fünfzig Kilometer weit durch die Wälder zu einem Biberbau, in dem David vier Junge wußte; er nahm ein Paar heraus. Grey Owl war im Lager geblieben, da seine alte Fußwunde aus dem Krieg wieder aufgebrochen war.

Als sie zurückkamen, holte Anahareo aus dem Sack, den sie auf dem langen Weg getragen hatte, zwei winzige Biber heraus, ein Männchen und ein Weibchen. Das Männchen ging bald ein, und den anderen Biber mußten sie mit Milch aufziehen. Jelly Roll war zu ihnen gekommen und trat eigensinnig und launisch, zärtlich und widerspenstig ihre Herrschaft an. Der Traum von der Biberkolonie hatte wieder eine Stimme bekommen.

Ein langer Winter

Der Zug wartete auf das Zeichen zur Abfahrt. Das Gepäck war verladen worden, und sie saßen im Abteil, der alte David, Anahareo und Grey Owl. Bald würden sie Cabano verlassen, und alles, was hier geschehen war, würde Erinnerung werden. Die Sorgen waren vorbei, alle Rechnungen waren bezahlt. »Country Life« hatte auch Grey Owls zweiten Artikel angenommen und dafür einen Scheck geschickt.

Sie hätten bleiben können. Dann hätte er seine Artikel und Geschichten geschrieben, und David, der seine Arbeit verloren hatte und bei ihnen lebte, hätte für Fleisch und Fisch gesorgt. Die Leute in Cabano und ringsum waren freundlich zu ihnen. Aber die gute Zeit von Touladi war zu Ende. Der alte David war immer unruhiger geworden, er wollte durchaus nach Cobalt, wo an einer bestimmten Stelle das Silber dicht unter der Oberfläche lag, und Anahareo war von seiner Rastlosigkeit angesteckt worden und wollte mit David gehen. Wenn sie Geld hatten, konnten sie alle in den Wäldern von Ontario leben und dort den Traum von der Biberkolonie wahrmachen.

So war denn das Kapitel abgeschlossen, das Cabano, den Touladi-Fluß, den Marsch zum Birkensee, das Haus von McGinnis enthielt und mehr; und an dieses »mehr« dachte Grey Owl, als er durch das Fenster des Abteils den dunkel bewaldeten Berg sah, und als er zu Anahareo hinblickte, begegneten sich ihre Augen. Jeder wußte vom andern, was er dachte. Plötzlich stand sie auf, nahm ihr Gepäck aus dem Netz und sagte, sie wolle bleiben. McGinty und McGinnis... konnten sie nicht doch noch zurückkommen? Dann wäre keiner von ihnen mehr da.

Nicht sie – Grey Owl wollte bleiben. Es war genug, wenn einer von ihnen hier war und die alten Freunde empfing; und Anahareo sollte die Freude des Abenteuers in Cobalt haben. Er nahm sein Gewehr herab, holte, was er brauchte, aus dem Gepäckwagen und sagte Lebewohl. Dann fuhr der Zug langsam aus der kleinen Station, er hörte Davids gellenden indianischen Abschiedsruf, er sah Anahareos junges, schönes Gesicht. Ihr dunkles Haar wehte, ihre Hände winkten. Er war allein und ging, Jelly Roll unter dem Arm, langsam zurück. Sie würden wiederkommen, auch wenn es nicht ausgemacht worden war, wann es sein würde.

Er war lange nicht mehr allein gewesen, und jetzt war er es wieder; er fühlte sich stumpf und leer. Anahareo hatte ihm viel mehr gegeben, als sie je würde wissen können. Ohne sie wäre in seinem Leben alles anders gegangen. Vielleicht hätte er die Spur nie gefunden, die Tür aus eigener Kraft vielleicht nie geöffnet. Sie hatte alles mit ihm geteilt.

Er hatte die Artikel, die er geschrieben hatte, ein paar Französisch-Kanadiern, die er in Cabano kannte und die englisch sprachen, vorgelesen, und sie hatten ihn ermutigt, nach Métis, einer Sommerfrische am St.-Lorenz-Strom, zu fahren und dort Vorträge über die Biber und sein Trapperleben in den Wäldern zu halten. Er und Anahareo waren mit Jelly Roll gegangen. Sie waren wieder in der Fremde gewesen, verlassen, ohne Geld, und mit einem Gefühl von Scham hatten sie den Kindern der Sommergäste Jelly Roll wie ein Schaustück gezeigt. Schließlich hatte sich eine unbekannte Dame ihrer angenommen und seinen ersten Vortrag arrangiert. Vor Hunderten von Sommergästen, für die der Abend eine angenehme Abwechslung war, war er sich vorgekommen wie eine Schlange, die einen Eiszapfen verschlungen hat und nun zitterte. Dann hatte er angefangen zu sprechen, zum ersten Male öffentlich und als Grey Owl – Wäscha-kwonnesin. Erstaunlicherweise hatte er bald alle Scheu verloren, und sein erster Vortrag und andere Vorträge waren beifällig aufgenommen worden, und sie hatten Geld eingebracht, von den Zuhörern gesammelt. Dann waren sie aus diesem Abenteuer, das so elend angefangen und so glorreich geendet hatte, nach Cabano zurückgefahren, zum erstenmal mit der Sicherheit dessen, der keine Angst vor dem nächsten Monat und vor dem kommenden Winter zu haben braucht. Auch das hatten sie McGinty und McGinnis zu verdanken – und Jelly Roll, die die Königin des Festes gewesen war.

Jelly Roll war bei ihm, und jetzt war sie nicht mehr das winzige Biberjunge, das David und Anahareo gebracht hatten, sondern eine junge Dame mit dunklem, glänzendem Pelz, immer lebendig, immer froh und immer eifersüchtig. Mit ihr zusammen wollte er die Zeit nutzen, bis die beiden Abenteurer zurückkamen, sicherlich im nächsten Frühling.

Bekannte in Cabano machten ihn auf eine kleine Blockhütte aufmerksam, die an einem See hinter dem Elefantenberg lag; dort zog er ein, und Jelly Roll war bei ihm, eine Freundin, die das Leben in vollen Zügen genoß, auf dem See schwamm, aus Uferschlamm kleine Burgen baute. Abends kam sie aus einem verlassenen Kaninchenbau, den sie an der Mündung eines Baches in den See entdeckt hatte, zu Grey Owl, um mit ihm eine Stunde zu verbringen; dann ging sie zu dem Bau zurück, oder sie schlief neben ihm in der Koje.

Mit dem Schnee fiel die Stille des kanadischen Winters. Jelly Roll erschien nicht mehr zur gewohnten Zeit, und Grey Owl ging zu ihrem Bau hinab, und wenn er rief, kam sie. Manchmal nahm er sie mit zu seiner Hütte, und sie redeten miteinander; dann brachte er sie zurück und wartete, bis sie in ihrem Bau verschwunden war. Als er eines Morgens aufwachte, fand er sie ruhig schlafend neben sich. Sie war nachts heimlich zur Hütte gekommen und hatte sich entschieden, den Winter mit Grey Owl zu verbringen. Auf ihre Weise selbstverständlich; sie grub ein Loch durch den Fußboden, warf in langer Arbeit einen Tunnel aus, der unter der Hütte zum See führte und baute sich ihr Winterhaus.

Er beobachtete sie mit immer tieferer Aufmerksamkeit und konnte sich sagen, daß er Dinge sah, die noch kaum ein anderer gesehen und erfahren hatte. Wahrscheinlich hatte noch niemand je so eng und freundschaftlich mit einem Biber zusammengelebt. Er war allein, aber er war nicht einsam, und abends, wenn er vor der offenen Tür des Ofens saß, kam sie aus ihrem Bau heraus, legte ihren Kopf in seinen Schoß und schien ihm etwas zu erzählen; dabei sah sie Grey Owl unverwandt an. Manchmal war sie zu müde, um noch aus ihrem Bau herauszukommen, aber sie antwortete auf alles, was er sagte, mit schläfriger Stimme. Sie war die Gefährtin des langen Winters, und wenn er am Tisch saß und schrieb, hörte er sie in ihrem Tunnel arbeiten, und er hörte ihr Murmeln, als spräche sie mit sich selber.

Das Schreiben war eine mühsame Sache geworden. Die Aufsätze, die er für »Country Life« geschrieben hatte und dann für eine kanadische Zeitschrift, »Canadian Forests and Outdoors«, von der er in Cabano ein Heft entdeckt hatte, gingen ihm leicht von der Hand; noch müheloser schrieb er lange Begleitbriefe an den unbekannten Redakteur in England. Das Schreiben eines Buches war

etwas anderes, und das eben hatte ihm der Redakteur von
»Country Life« vorgeschlagen; ein Buch über sein Leben
in den Wäldern. Was konnte er von sich schreiben, und
wie sollte er es machen? Die Wildnis war so groß, und er
war darin ein winziges Nichts. Schließlich dachte er an
ein Buch, das aus einer Reihe von längeren Stücken bestehen würde, die zusammengehörten. Aber er fand den
Anfang nicht.

Eines Tages ließ er Jelly Roll in der Obhut eines Bekannten zurück und ging durch die Wälder zu der Hütte
am Birkensee, in der Anahareo, McGinty und McGinnis
und er gelebt hatten. Dort hatte alles angefangen. Der
See war noch da; jetzt glich er einem fleckenlosen, weißen Blatt. Er konnte die Reste des eingefallenen Biber-
baues sehen, und das bestürzte Gesicht des alten David
kam ihm in den Sinn, der geglaubt hatte, ihnen mit den
Pelzen der Biber eine Freude zu machen. Die mächtigen
Fichten standen noch, und zwischen ihnen schimmerten
die gefleckten Stämme der Birken.

Aber sonst war nichts mehr so, wie es einst gewesen
war. Die Bisamratte, die Eichhörnchen, das Rehkitz
waren verschwunden. Die Hütte, in die er zögernd eintrat, war leer und kalt, und Nässe tropfte durch das Dach.
Doch von jedem Gegenstand darin kam ihm ein Flüstern
entgegen: Erinnere dich. Er fand die Zeichen alten Lebens, und sie waren vier gewesen. Er sah den kleinen Tan-
nenbaum, den Anahareo für McGinty und McGinnis ge-
schmückt hatte und den sie in eine Ecke gezerrt hatten.
Er wünschte, daß er nicht gekommen wäre, denn Ver-
gängnis raunte ihm mit grauer Stimme zu: vergangen.

Er machte Feuer, der Raum füllte sich wieder mit Wärme. Er wischte den Staub der Zeit von den Dingen, und
sie wurden wieder sichtbar. In der tiefen Stille der Hütte,

die sie beide gebaut, saß er am Tisch, und er kam sich wie ein Geist vor, der andere Geister bat, zurückzukommen. Das Licht der Kerze bewegte sich in seinem Atem, Schatten wuchsen an den Wänden und sanken zusammen. Das Feuer redete, aus der Stille der Winternacht schwebten geheimnisvolle Laute heran, als regte sich die schlafende Erde im Traum. Das Blatt vor ihm leuchtete wie ein leeres, weißes Feld. Er schrieb, und die vergangene Zeit kam zurück und füllte sich mit Schritten, Stimmen und Lauten.

In zwei Nächten schrieb er zwei Kapitel des Buches, das er im Sinn hatte – »Die Geschichte des Bibervolkes« und »Das Haus von McGinnis«. Er wollte dem Buch den Titel »Die sterbende Grenze« (The Vanishing Frontier) geben; es war die Grenze zwischen der Wildnis und der vorrückenden Zivilisation, die unaufhaltsam nach Norden zurückgedrängt wurde. – Die Hütte am Birkensee war zu einer Schatzkammer geworden, und wenn er die Hand ausstreckte, legten sich ihm glänzende Dinge hinein, Morgen, Tage, Nächte, die Fülle dessen, was er erfahren hatte, und jetzt lebte er es zum zweitenmal.

Als Grey Owl nach einer Woche zu Jelly Roll zurückging, schrieb er weiter und so den ganzen Winter durch. Was er erzählte, wußte er, es floß ihm aus einem Quell zu, der vergangenes Leben hieß. Er schrieb von den Wäldern, in denen die Bruderschaft der Trapper nach einfachen Gesetzen lebte; von dem *trail,* dem Pfade, dem er jahrelang und zu allen Zeiten gefolgt war. Er sah sich selber wieder verirrt, und Geschichten von anderen kamen ihm in den Sinn. Da war die Geschichte von dem Prospektor in den Wäldern von Nord-Quebec, der sich verirrt hatte, nach dem man im Flugzeug suchte und den man nach zweiundsechzig Tagen hoffnungslosen Gehens und Kriechens noch lebend fand, einen Geist, der die Retter anstarrte. Es war die Geschichte einer namenlosen Odyssee in der Wildnis.

Er schrieb von den Flüssen, auf denen er und seine Gefährten dahingeglitten waren, und die Flüsse wurden wieder die wilden, kraftvollen Wesen, als die er sie erfahren hatte. Er sah die versteckten Lager der Ojibways wieder, und wieder wanderte er mit Neganikabu, dem alten, weisen Mann, durch die Wälder. Er sah ihn wieder tanzen, und sich selber sah er, wie er in den Kreis trat, um Wäscha-kwonnesin zu werden, »der Vogel, der nachts wandert«.

Das Schreiben dieser Geschichten war ein Zurückrufen dessen, was in ihn eingedrungen war. Es war das Öffnen eines Brunnens, der sich in vielen Jahren unbemerkt gefüllt hatte. Manchmal las er Jelly Roll eine Seite vor, die er geschrieben hatte, und sie schien es gutzuheißen; im übrigen war sie mit ihrem Leben beschäftigt.

Die Dinge in der Hütte standen gut, der Haufen beschriebener Blätter wuchs; nicht so gut sah es aber bei David und Anahareo aus. Die Stelle, die David hatte abstecken wollen, war kurz vorher von einem anderen besetzt worden, und die Schätze, die dann dort wirklich gefunden wurden, fielen nicht David zu. Sie waren zu spät gekommen und hatten, um leben zu können, Arbeit suchen müssen. Im Juli, schrieb Anahareo, würde sie zurückkommen, doch allein; David, enttäuscht und arm, wie er immer gewesen war, hatte sie verlassen, um nach Hause zu gehen, dorthin, wo seine Ahnen am Ottawa-Fluß immer gelebt hatten.

Im Februar schickte Grey Owl das von einem Mann in Cabano mühsam abgeschriebene Manuskript, dem er eigene Zeichnungen beifügte, an den Redakteur von

»Country Life«. Beinahe wäre es verlorengegangen, Jelly Roll hatte die Blätter zu ihrem Schlafplatz getragen, und Grey Owl rettete sie noch zur rechten Zeit. Er nannte sie manchmal *boss;* sie war die Herrin der Hütte und verstand, ihren Willen durchzusetzen.

Der Winter verließ langsam die Wälder, der Frühling kam mit scharfem Licht. Wenn Grey Owl in dem Kanu, das ihm ein Jäger überlassen hatte, auf den See hinausfuhr, folgte ihm Jelly Roll, und manchmal kletterte sie zu ihm in das Kanu, um dann mit einem Sprung zurückzutauchen, oder sie schwamm von ihm fort, und wenn er sie rief, antwortete sie mit einem hohen Ton, als hätte sie ihn verstanden. Sie gehörten zusammen und lebten in der Freundschaft der Welt.

Ein Manuskript war nicht nur eine größere Anzahl von beschriebenen Blättern. Es war etwas Lebendiges. Tage und Nächte waren hineingegangen, Gedanken, aufblitzende Bilder, Gesichter, Stimmen. Ein unbeschriebenes Blatt glich einem leeren Feld, in das man eine Art von Saat warf; die Samenkörner waren die Worte. Ein Satz bestand aus mehreren oder vielen Worten, die sich einem bestimmten Rhythmus unterwarfen, er war ein Organismus, der atmete und sich bewegte, und Atem und Gang veränderte, wenn man gewisse Worte umstellte. Ein Satz konnte wie ein Gesicht Freude und Trauer zeigen, er konnte flüstern, singen, schreien und stumm werden. Plötzlich schien aus einem Satz alles Leben entwichen zu sein; er wurde zu einer leeren, grauen Hülle. Dann saß man vor dem Blatt und suchte nach dem Wort, das die Hülle wieder mit Leben füllte. Man mußte manchmal suchen, um die richtigen Worte zu finden, mit denen man das Morgenlicht über einem See, die Farbe von Blättern im Herbst, das Donnern eines Waldbrandes fassen konnte. Schreiben war schwere Arbeit, es war Freude, Erschöpfung, äußerstes Wachsein und zugleich eine Art Traum; und dann war alles beendet, das Manuskript abgeschlossen und abgeschickt; ein Freund war gegangen.

Das alles hatte er in den vergangenen Monaten angefangen zu begreifen. Um gut zu schreiben, mußte man etwas von Worten wissen, und je mehr Worte man besaß, um so besser war es für ein Buch. Immer wieder las er in dem Wörterbuch der englischen Sprache, das er jetzt besaß, er schrieb sich Worte in ein kleines Notizbuch, die er in Zeitschriften und Büchern fand. Er wurde des Lebens von Worten bewußt und war davon so fasziniert, daß er einmal seinen Federhalter aus der Tabakdose füllen wollte. Was für ein Jäger war er geworden!

Die Hütte am See war nicht immer still; Freunde aus Cabano kamen und brachten gesellige Stunden. Ein Rechtsanwalt, der ihn manchmal besuchte, schenkte ihm einen kleinen Radioapparat, und er lauschte den Stimmen in der Ferne. Er war vom Lernen wie besessen. Der kleine Raum war zur Studierstube geworden, doch wenn er die Tür öffnete, lag die große Welt vor ihm, und wenn er Jelly Roll rief, kam sie aus ihrem Bau hervor.

Aber dann war der Frieden zersplittert. Als er eines Abends von Cabano zurückkam, wo er eine irische Familie besucht hatte, fand er die Tür der Hütte weit offen; Jelly Roll war verschwunden. Wenn er sie verlor, war alles verloren. Er folgte ihren Spuren bis zu dem Kaninchenbau am See. Da das Eis noch nirgends offen war, mußte sie weitergegangen sein, den Fluß entlang bis zu einem Sumpf, um irgendwo zum Wasser zu gelangen. Dann verschwanden ihre Spuren.

Grey Owl suchte nach ihr die ganze Nacht bis zum Morgen, aber er fand sie nicht. Er suchte tagelang. Plötzlich wurde es wieder kalt, und er mußte fürchten, daß Jelly Roll erfroren war, wenn sie nicht unterdes von einem Fuchs zerrissen worden war. Er suchte zwanzig Tage und dachte an nichts anderes, als sie wieder zu finden. Seine alte Wunde brach wieder auf, und die Schneeschuhe waren abgenutzt. Noch einen Versuch wollte er machen und dann die Suche aufgeben – und da, als er gerade die Hütte verließ, sah er etwas Dunkles am Seeufer daherkommen; es war Jelly Roll.

Sie hatte, wie er dann herausfand, irgendwo in dem fast ausgetrockneten Flußbett Wasser gefunden und drei

Wochen lang unter dem Schnee in einer Höhle gelebt. Als der Fluß durch Regenfälle etwas Wasser bekommen hatte, war sie auf ihm zum See hinabgeschwommen, um an einer eisfreien Stelle herauszukommen. Sie machte nicht viel Aufhebens von dem langen Ausflug, fraß sich satt und schlief einen ganzen Tag; dann war sie wieder die alte Jelly Roll, die mit ihm, als das Eis verschwunden war, auf den See hinausfuhr, sich ins Wasser stürzte, verschwand, um weit draußen wieder aufzutauchen.

Auf erstaunliche Weise bekam sie plötzlich einen Gefährten. Im Frühling entdeckte Grey Owl die Fährten eines Otters nicht sehr weit von der Hütte, und da er fürchten mußte, daß Jelly Roll von ihm angegriffen und zerbissen oder getötet werden würde, stellte er eine Falle auf. Als er sie dann nachsah, fand er einen ausgewachsenen Biber darin, den er gerade noch vor dem Ertrinken rettete. Er trug das schwerverletzte Tier nach Hause und pflegte es. Er sprach zu ihm und saß nächtelang an seinem Lager, ein Krankenwärter voller Geduld und Freundlichkeit. Er verband seine Wunden, fütterte ihn, und langsam überwand er die Scheu des wilden, ausgewachsenen Tieres. Erste, nur ihm sichtbare Zeichen der Zuneigung blitzten flüchtig auf, und dann war ein wilder Biber zu seinem Freund geworden. Er nannte ihn Rawhide. Ein Teil seiner Kopfhaut war von der Falle zerfetzt worden und war nun vertrocknet; er schnitt die Haut ab und gab dem Tier danach seinen Namen. Man konnte es ein Wunder nennen: er hatte einen wilden Biber gezähmt.

Jelly Roll war mit der Anwesenheit eines anderen in der Hütte keineswegs einverstanden, sie machte Szenen und benahm sich launisch und zänkisch wie eine entthronte Königin.

Als Rawhide einigermaßen gesund geworden war, brachte Grey Owl ihn zum See und ließ ihn frei; der Biber schwamm davon und verschwand. Er bedauerte es und dachte an McGinty und McGinnis, die vor langer Zeit genauso weggegangen waren, um nie mehr zurückzukommen.

Am nächsten Tag war Grey Owl auf dem See, um sich nach Jelly Roll, der gekränkten Königin, umzusehen. Plötzlich sah er weit draußen einen Biber schwimmen. Er rief – und der Biber schwamm auf ihn zu; es war Rawhide, er hatte Grey Owl erkannte. Ruhig folgte er dem Kanu zum Ufer. Er verließ das Wasser, als Grey Owl an Land ging, er folgte ihm ohne jedes Zeichen der Furcht in die Hütte, ließ sich von Grey Owl streicheln und kletterte auf seine Knie. Dann ging er durch die offene Tür wieder zum See hinab. Aber er kam zurück, und langsam, manchmal mit etwas Zögern, als hielte die Wildnis ihn zurück, und dann mit mehr und mehr Unbefangenheit, trat Rawhide in Grey Owls Leben ein. Grey Owl hatte keine Gewalt gebraucht. Mit sanfter Überredung, mit geduldiger Freundlichkeit hatte er die Grenze zwischen der Wildnis und dem Menschen niedergelegt. Wenn er noch einen einzigen Beweis gebraucht hatte, der ihm sagte, daß er kein heilloser Träumer sei, dann hatte Rawhide ihm diesen Beweis gegeben. Draußen in der Welt mochte das nichts bedeuten; ihm bedeutete es alles.

Auch Jelly Roll hatte sich schließlich dazu bequemt, den Eindringling anzunehmen, der keine Rolle spielen wollte, nichts beanspruchte, ihr nichts wegreißen wollte; er wollte nur ein Freund sein. Aber es bedurfte eines Zwischenfalles, um die Reibungen zwischen den beiden zu beseitigen.

Als Grey Owl eines Tages die Hütte verlassen hatte, drang ein fremder Biber, ein alter und räuberischer Einzelgänger, ein und überfiel Jelly Roll, und als Grey Owl zurückkam, fand er sie schwer verletzt am Seeufer liegen, als habe sie auf ihn gewartet. Ihre Kehle war aufgerissen, der breite Schwanz klaffte, die Vorderfüße bluteten. Rawhide mußte sie geschützt und verteidigt haben, auch er zeigte Spuren eines wilden Kampfes. Der Räuber war verschwunden.

Von nun an gab es keine Eifersuchtsszenen mehr, und als Rawhide sich entschloß, mit seinem Retter und mit Jelly Roll zusammenzuleben, nahm sie ihn an. Wenn Anahareo jetzt hier gewesen wäre! McGinty und McGinnis hatten Nachfolger gefunden. Aber sie war irgendwo im Norden, wie sie in einem ihrer seltenen Briefe schrieb. Im vergangenen Winter hatte sie für eine Firma als Führerin eines Hundeschlittens gearbeitet. Von ihren Ersparnissen hatte sie ein Anrecht gekauft, und sie hoffte, ein anderes zu finden, das sie beide mit Reichtum überschütten würde. Vielleicht würde sie im Sommer zurück sein.

Hier, an dem See hinter dem Elefantenberg, gab es weder Anrechte noch das gehetzte Jagen nach Glück. Hier gab es andere Reichtümer: ein immer tieferes Zusammenleben mit zwei Tieren, die er langsam der Wildnis entzogen hatte und die seine Gefährten geworden waren. Ein Außenstehender mochte sagen, daß das ja ganz gut und schön wäre, die Lebensäußerungen von zwei Bibern zu beobachten – aber was brachte es ein? War es nicht einfach Zeitverschwendung, für Stunden und Stunden regungslos zu sitzen und zuzusehen, wie Jelly Roll und Rawhide einen Damm und ihr Haus bauten? Er hatte das nie so gesehen, und er saß in der Stille des Tages wie versunken, und er wußte, daß das nicht Verschwendung der Zeit war, sondern ein tiefes, gestilltes Gewinnen, eine Zunahme, ein langsames Hineinwachsen in die Welt. Jemand, der ihn so sitzen und warten sah, mochte ihm vorwerfen, daß alles das einfach eine Flucht aus der Zeit und aus der Welt war. Abgesehen davon, daß er die Zeit zur Genüge kennengelernt hatte, die wenigen Schritte zum Ufer des Sees, das ruhige Verweilen führten ihn zum großen, ruhig schlagenden Herzen der Welt. Es klopfte in ergreifendem Schlag, hier, in der Stille. Er hörte ein Lied, das viele nicht mehr hörten.

Er lebte, wie er leben wollte. Die Stunden, die über dem See dahinzogen und hinabsanken, wurden seinem Leben nicht abgezogen, sie wurden ihm hinzugefügt. Er hätte sagen können, was Thoreau, der amerikanische Weise, in seiner Hütte am Waldensee geschrieben hatte: »Die Zeit ist nur ein Strom, in dem ich fische. Ich will einen tiefen Trunk tun. Ich will im Himmel fischen, dort liegen Sterne als Kiesel auf dem Grund. Ich kann nicht bis eins zählen. Ich kenne nicht den ersten Buchstaben des Alphabets. Immer hat es mich betrübt, daß ich nicht so weise war wie der Tag, der mich gebar... Die Menschen glauben, die Wahrheit ist in weiter Ferne an den Grenzen der Welt hinter dem letzten Stern, vor Adam und nach dem letzten Menschen. Allerdings, in der Ewigkeit liegt etwas Erhabenes und Wahres. Aber alle diese Zeiten sind jetzt und hier. Gott steht in diesem Augenblick im Zenit und wird in der Flucht der Äonen nicht göttlicher sein.«

Er war allein, aber er war nicht einsam. Die Welt sprach zu ihm, und sie war hier nicht kleiner oder größer als überall, und alles gehörte zu ihr: die Biber – Jelly Roll und Rawhide und die Biber eines benachbarten Baues, den er entdeckt hatte, die, wenn er mit einem bestimmten hohen Ton rief, ihre Arbeit unterbrachen, zu ihm hinschwammen und ihn aus einiger Entfernung betrachteten. Der Wald gehörte dazu, der See, das Kommen und Schwinden der Jahreszeiten. Er selber gehörte dazu, der seinen Grund gefunden hatte. Das Abenteuer des jungen Menschen war zum Abenteuer des Mannes geworden, der sein eigenes Leben in eigener Verantwortung lebte.

Noch immer suchte er manchmal nach den verlorenen Freunden McGinty und McGinnis. Wenn sie noch lebten – weshalb sollten sie nicht plötzlich auftauchen? Im Grunde hielt auch das ihn hier noch zurück. Über seine Lage machte er sich nichts vor. Eines Tages würde Anahareo zu ihm zurückkommen; an das große Glück der Goldfunde glaubte er nicht. Die Rente, die er bekam, war sicher, aber zu klein. Ab und zu druckte eine Zeitschrift einen Artikel von ihm. Und hier, das vor allem, war nicht der richtige Platz, weder für ihn noch für die Biber, die von einem Jäger sinnlos gefangen und erschlagen werden konnten. Wer seine Artikel las, wußte er nicht. Er wollte mit dem, was er schrieb, um Schutz, um Erhaltung bitten; aber wer würde das erkennen? Wahrscheinlich war das Schreiben eine Narrheit. Was dann?

Doch daß der Redakteur der kanadischen Zeitschrift, die ein paar Stücke von ihm abgedruckt hatte, sie aufmerksam gelesen hatte, konnte er sehen, denn der Redakteur schrieb ihm, daß er dem National Parks Service, der zum kanadischen Innenministerium gehörte, über Grey Owl geschrieben habe. Bald danach kam ein Brief von einem Beamten, der seinen Besuch bei Grey Owl ankündigte; und dann erschien er, um den Mann zu sehen, den Halbblutindianer, der imstande war, Biber zu zähmen und der mit ihnen lebte.

Vielleicht hatte dieser Mann, der ein merkwürdiges, einfaches, aber bewegendes und manchmal poetisches Englisch schrieb, mehr aus allem gemacht, als die ganze Sache wert war. Aber was Campbell, der Leiter der Abteilung National Parks Publicity, sah, war mehr als erstaunlich. Er sah, daß auf Grey Owls Rufen zwei erwachsene Biber heranschwammen, zu ihnen in das Kanu kletterten, mit Grey Owl zu reden schienen, und dann prüften sie den Besucher gründlich. Er fand einen Mann, der nicht log, jemanden, der dem Wort Freundschaft seinen Sinn zurückgegeben hatte, denn er lebte in Freundschaft mit den Tieren, und die Geschichte, die er hörte, war eine Geschichte von unbelohnter und verschwiegener Anstrengung, von grenzenloser Geduld, von Fehlschlag und Erfolg, von Verzweiflung und Freude: die Geschichte von Grey Owl, Anahareo, McGinty, McGinnis und diesen beiden Bibern.

Er hatte unbekannt gelebt, und jetzt war die Welt zu ihm gekommen. Wollte er das? Wollte er nicht, daß sein unbeachteter Versuch gesehen und von anderen aufgenommen und erweitert würde? Hatte er nicht davon geträumt, daß das aussterbende Volk der Biber wieder in Freiheit und Frieden leben konnte?

Die Welt kam zu ihm. Sie erschien nach Campbells Versuch mit Kameraleuten, die den ersten Film über das Leben der Biber aufnahmen, mit Unruhe und abenteuerlichen Zwischenfällen; und Jelly Roll und Rawhide waren die Helden, die bei alledem ihre Ruhe nicht verloren.

Nach einiger Zeit kam Campbell wieder und hatte ihm etwas mitzuteilen. Die kanadische Regierung war an Grey Owls Experiment interessiert und bot ihm an, seine Arbeit unter der Obhut der Regierung und bei einem regelmäßigen Gehalt fortzusetzen; niemand würde sich darin einmischen. Der National Parks Service würde für ihn einen Ort in einem der kanadischen Nationalparks aussuchen, an dem er, Anahareo und die beiden Biber in Ruhe leben konnten. Er nahm das Angebot an.

Doch vor dem nächsten Frühling konnte nichts entschieden werden. Mit dem Kommen des Winters hatten

Jelly Roll und Rawhide sich in ihren Bau zurückgezogen, und er war allein. Würden sie zurückkommen? Würden sie ihren Freund und Beschützer noch kennen?

Wie stumm jetzt die Welt war. Manchmal ging er zu ihrem Bau am Ende des Sees und sprach durch den Luftschacht zu ihnen; aber sie antworteten nicht. Sie wußten nicht, daß es jemanden gab, der ihren Winterschlaf bewachte und jeden Tag auf seinen Schneeschuhen einen Pfad ausschritt, den kein Jäger kreuzen konnte, ohne nicht von ihm entdeckt zu werden.

Daß McGinty und McGinnis nicht mehr zurückkommen würden, wußte er jetzt. Aber Jelly Roll und Rawhide sollten leben. Die Abende waren lang, und er hörte im Radio, was in der Welt vorging. Seine Welt war hier. Sie war nicht ungefährdet, er wußte es. Wenn er durch die Wälder ging, sah er Verfall und Zerstörung. Holzfällerlager entstanden überall, und wenn sie an einen anderen Platz verlegt wurden, blieb eine Wüste von Stümpfen zurück. Der Wald starb, die Tiere starben oder wichen nach Norden aus. Es würde gut sein, wegzugehen, wo die Wälder und Tiere noch frei leben konnten – und er, Anahareo und die Biber.

Anahareo ... eines Tages fand er sie in der Hütte; sie war von der Suche nach El Dorado zurückgekommen. Andere hatten es gefunden, doch nicht sie und der alte David. Sie war lange fortgewesen, und hier hatte sich vieles verändert. Alles sah gut aus, vieleicht zu gut, um wahr zu werden, und alles hing vom nächsten Frühjahr ab.

Das Eis bricht auf

Da war es: »Männer der letzten Grenze« – sein Buch, veröffentlicht im Februar 1931. Der Verlag von »Country Life« hatte den Titel gegen Grey Owls Willen geändert; der neue Titel enthielt nicht genau, was er hatte sagen wollen. Sicherlich spielten Menschen darin eine Rolle, aber er hatte nicht so sehr von ihnen sprechen wollen als von der Natur, die größer war als der Mensch. Sie waren Teil von ihr, aber nicht ihre Herren und weder Sieger noch Besiegte. Der Mensch in der Natur war ein Hauch; die Natur dauerte immer, ungebrochen, ungezähmt. Er hatte ihr Loblied gesungen und eine Warnung ausgesprochen. Der Verleger hatte also, wie es ihm schien, das Buch nicht verstanden und wahrscheinlich auch nicht die vielen Briefe, die Grey Owl ihm geschrieben hatte und in denen er seine Ansichten über gewisse Eigenheiten in seiner Rechtschreibung und Zeichensetzung ausgedrückt hatte. Gleichviel: Da war sein Buch.

Ein Buch konnte erstaunliche Wirkungen haben. Abrechnungen des Verlages über den Verkauf des Buches kamen, und es wurde ausgezeichnet verkauft; Schecks kamen. Aber die Stille, in der er gelebt hatte, gab es kaum noch. Man beschäftigte sich mit dem Buch, dessen Verfasser Grey Owl hieß und ein Halbblut war: Wenn er jetzt zur Post in Cabano ging, fand er Besprechungen, die der Verlag ihm schickte. Sie erfreuten, beunruhigten und verwirrten ihn. Er fragte sich, ob er das, was da geschrieben wurde, wirklich gemeint hatte. Einige Besprechungen enthielten Angriffe, die sich gegen den Verfasser richteten, gegen Grey Owl. Manche seiner Kritiker wollten es nicht glauben, daß ein Halbgebildeter wie dieser Grey

Owl überhaupt ein Buch geschrieben haben konnte; ein anderer, ein ghostwriter, hatte es für ihn geschrieben, um eine Sensation zu schaffen.

All das war verwirrend, es brachte eine Luft in die Hütte am See, die er nie gekannt hatte. Er hätte es ihnen erklären können, wie er und Anahareo gelebt hatten; wie unsicher, wie hilflos er gewesen war, weil er nicht wußte, wie er schreiben sollte, ganz abgesehen davon, wie er gut schreiben sollte; wie er Zeile um Zeile eines Buches studierte, das Anahareo, als sie zu ihm kam, von zu Hause mitgenommen hatte, weil sie glaubte, es sei ein Kochbuch. Es war eines jener Bücher gewesen, aus denen man angeblich das Schreiben lernen konnte; schließlich hatte er es in die Ecke geworfen. Er hatte geschrieben, Satz für Satz, und Anahareo und er hatten die Sätze seiner ersten Artikel gewendet und ausgebessert, wie man ein leckes Kanu repariert. Er war seinem eigenen *trail* gefolgt, nicht anders, als er vor Jahren dem Pfad durch die Wälder gefolgt war. Er hatte die Wahrheit geschrieben.

Dann kamen andere Briefe. Unbekannte in England, Amerika schrieben ihm, um ihm zu danken. Sie fragte nicht nach Eigenheiten seines Stils, sie fragten nicht, wer er sei; sie dankten ihm für die Erfrischung, die sie beim Lesen des Buches empfangen hatten. Solche Briefe sagten ihm, daß es überall Menschen gab, die sich für Augenblicke nach einem anderen Leben sehnten. Für sie war sein Buch ein Trunk klaren Wassers aus dem Mississauga, das nach Erde, Wald und allen freien und natürlichen Dingen der Welt schmeckte.

Andere Briefe waren weniger freundlich. Jemand schrieb ihm, daß er sich weniger um Tiere als um sein Seelenheil kümmern sollte. Andere machten Vorschläge über den Schutz von Tieren. Manche wollten zu ihm kommen, um so zu leben, wie er gelebt hatte.

An das alles hatte er nicht gedacht, als er sein Buch geschrieben hatte. Die Stille war zerschlagen worden, und die Welt, von der er sich getrennt hatte, kam durch die Tür der Hütte. Das Buch zerrte ihn hinaus. Wollte er das? Er hatte eine Bitte ausgesprochen: zu erhalten, nicht zu verwüsten, zu schützen und zu pflegen; eine Bitte für die Wälder, ihre Menschen und Tiere und vor allem für die Biber und für die Indianer. Aus Gedanken war ein Plan geworden, langsam, nicht ohne Rückschläge; der Traum war zu einer Wirklichkeit geworden. Um diese Wirklichkeit auszubauen, mußte er jetzt auf dem Weg weitergehen, den er gefunden hatte. Er mußte auf alle Briefe antworten, vor allem von Kindern. Er mußte nach Montreal fahren, um dort zu Hunderten zu sprechen, die gekommen waren, den Film vom Leben der Biber zu sehen. Er stellte sich der Welt als Grey Owl.

Aber wichtiger als all das war die Frage: Würden Jelly Roll und Rawhide im Frühjahr zu ihnen zurückkommen? Was, wenn sie nicht kämen?

Unterdes bereiteten sie die Reise zum Riding-Mountain-Nationalpark vor, den der National Parks Service für sie ausgesucht hatte. Dazwischen gingen sie immer wieder zum See hinab. Sie schlugen gegenüber dem Bau, in dem Jelly Roll und Rawhide schliefen, zwei Löcher in das Eis und legten Pappel- und Weidenzweige hinein und warteten, daß die Biber sie holen würden. Einmal sah Grey Owl eine Bewegung unter dem Eis, und ein Zweig wurde hinabgezogen. Sie saßen am Rande des Sees, auf dem das Eis schmolz, und riefen geduldig und warteten.

Dann, eines Abends, sahen sie einen Biber flüchtig auftauchen und wieder verschwinden. Etwas später kam er zurück, schwamm nicht weit von ihnen im offenen Wasser, sah zu ihnen hin und kletterte langsam zu ihnen auf das Eis. Jelly Roll war zurückgekommen. Da war sie, wie sie Jelly Roll gekannt hatten, ihr Gang, ihre Stimme; sie nahm einen Apfel von ihnen an. Nach sechs Monaten war sie zu ihnen zurückgekehrt. Würde Rawhide kommen?

Und dann, nach Tagen und Nächten geduldig-unruhigen Wartens, sahen sie einen Schatten auf dem Eis liegen; einen ausgewachsenen Biber. Sie konnten die Spannung und Wachsamkeit erkennen, die von ihm ausging. Dann kam er näher, langsam, zögernd, bis er nach ein paar Abenden bei ihnen war. Er hatte sie wieder angenommen. Rawhide war wieder bei ihnen. Ein wilder, ausgewachsener Biber war nach einem Winter freiwillig zu ihnen zurückgekommen. Grey Owl ging nach Cabano und telegraphierte dem Nationl Parks Service, daß die Biber wieder bei ihnen seien.

Der Morgen des Abschieds kam. Die Tür zur Welt war aufgegangen; doch was lag hinter der Tür? Zwei Jahre waren vergangen, und hier hatten sie gelebt. Hier hatte das Leben angefangen, sich zu entfalten. Jetzt war das Licht frisch und stark, Licht des Frühjahrs, das ihre Augen blendete. Hier hatten sie Freunde gefunden, und jetzt kamen sie zum Zug, um ihnen, die als Fremde und Wilde, als *sauvages,* gekommen waren, Glück zu wünschen. Sie ließen viel zurück. Bewegten sich da nicht zwei Schatten? Hörten sie nicht zwei Stimmen, die ihnen vertraut waren? Aber es mochte nur das scharfe Licht des Frühlings sein, das ihre Augen feuchtete. Sie sahen die Berge und den Wald, in dem sie gelebt hatten; jetzt war es vorbei und konnte nicht wieder gelebt werden. Die Vergangenheit war Wirklichkeit gewesen. Die Zukunft bestand aus Erwartung und Hoffnung.

AJAWAAN

Die Reise nach Ajawaan

Die Fahrt von Cabano im östlichen Quebec zum Riding-Mountain-Nationalpark an der westlichen Grenze der Provinz Manitoba war lang. Kanada war ein großes Land, mächtig wie ein Kontinent. Sie fuhren durch Wälder und an Seen vorbei, deren Namen sie noch nie gehört hatten. Sie berührten Städte und Orte, über denen noch die Luft der Pioniertage lag. Getreidesilos standen wie Türme von Festungen oder Kirchen im grenzenlosen Raum. Schiffe fuhren auf den Seen, groß wie Meere. Die Weizenfelder von Manitoba lagen in der Stille und glichen einem anderen Meer. Aber das alles war nicht ihre Welt; sie waren froh, als sie am Ziel angekommen waren, zusammen mit Jelly Roll und Rawhide.

Der Riding-Mountain-Nationalpark, 1929 eröffnet, war der jüngste Naturschutzpark von Kanada. Er gehörte zu der wachsenden Reihe von Parks, in denen die kanadische Regierung die Wildnis unberührt erhalten wollte, und sie wurden immer wichtiger, je rascher die Industrie vorrückte und den freien Raum einengte. Aus einem Zufall war ein Plan geworden, aus einer in einem Augenblick von Voraussicht getroffenen Entscheidung, die zehn Quadratmeilen entlegener Wildnis schützte, wurden Tausende von Quadratmeilen. Als in den achtziger Jahren die Canadian Pacific Railway gebaut wurde und Ingenieure den Weg für die Bahnlinie durch die Rocky Mountains im Westen erforschten, entdeckten sie an den Hängen eines Berges heiße Minealquellen. Ein paar Jahre später erklärte die Regierung zehn Quadratmeilen dieser Hänge zum Naturschutzgebiet. Es war die Zeit der Konservationsbewegung in den Vereinigten Staaten, die zuerst zur Gründung des Yellowstone-Parks geführt hatte. Diese ersten zehn Quadratmeilen an den Hängen des Sulphur Mountain wurden zu zweitausendfünfhundertfünfundachtzig Quadratmeilen des Banff-Nationalparks mit Bergen von grandioser Wucht, mit Wäldern, Seen, Strömen. Der kleine Ort Banff entwickelte sich zu einem Zentrum des Touristenverkehrs. An den Banff-Nationalpark schloß sich der Jasper-Nationalpark an. Jasper, sein Zentrum, war einst ferner Westen. Die Händler der beiden großen Pelzhandelskompanien, der Hudson Bay Company und der North Western Company, gingen im Tal des Athabaska-Flusses empor und trafen auf der Höhe des Columbia-Schneefeldes die von Westen kommenden Jäger und Händler. Jasper war jetzt eine kleine Stadt mit Kirche, Krankenhaus, Bank, mit Hotels und Sommerhäusern in einer Landschaft von überwältigender alpiner Größe. Reitwege, Hunderte von Meilen lang, führten sie zu den Athabaska-Fällen, zu Schluchten, Seen, Bergwiesen. Elch, Hirsch, wilde Rentiere, schwarzer Bär, Bergziege und Bergschaf kamen in Jahren des Schutzes und der Pflege in die Wälder zurück, in denen die Menschen nur Gäste waren und nur die Wächter des Parks Schußwaffen gebrauchen durften.

Die kanadischen Nationalparks waren vielfältig wie die Natur des Landes. Jeder von ihnen hatte seinen eigenen Charakter, und alle wurden zu Ruhe- und Ferienplätzen für den Touristen mit durchschnittlichem Einkommen, der Holzhäuser für Wochen und Monate mieten oder in Zelten leben konnte. Einige Parks waren ausgesprochene Großwildparks wie der Elk Islands Park in Alberta, in dem Elche ungestört lebten, der ausgedehnte Buffalo-Nationalpark östlich von Edmonton in Alberta, auf desse Prärien Tausende von Büffeln auf alten Pfaden wanderten, eine Erinnerung an die zahllosen Herden, die vor einem Menschenalter über die Grasmeere des amerikanischen Kontinents jagten.

Der Riding-Mountain-Nationalpark mit über tausend Quadratmeilen von Wald, Prärie, Seen und Flüssen lag auf einer Erhebung, die aus der Ebene von Manitoba emporstieg. Bären, Elche, Rotwild, Wasservögel, Biber lebten ungefährdet in den Wäldern des Naturschutzgebietes, das den Schlag der Axt, das Summen von Sägemühlen nicht kannte. Büffel zogen über die Ebenen am Andy-See. Schwäne und viele Arten von Wassergeflügel lebten in den Schilfwildnissen. Einst hatten die Cree- und Assiniboine-Indianer hier gejagt.

Im Riding-Mountain-Nationalpark waren Grey Owl und Anahareo mit den beiden Bibern am Ziel angekommen. Jelly Roll und Rawhide gingen nach der ersten Benommenheit sofort an die Arbeit und bauten am Ufer des Sees, der für sie ausgesucht worden war, ein Haus, in dem Jelly Roll ihre ersten Jungen hatte.

Die Zähmung dieser Jungen war eine schwierige Sache, sie waren wild wie Raubvögel. Grey Owl verbrachte Nächte auf einem Floß und wartete stundenlang, bis einer der jungen Biber auftauchte, am Floß vorbeischwamm und den Fremden beobachtete. Dann hatten sie sich an seine Gegenwart gewöhnt und riefen etwas wie einen Gruß zu ihm hin. Langsam kamen sie näher, kletterten auf das Floß, sahen ihn stumm an und tauchten zurück. Jelly Roll half ihm, sie brachte die Jungen heran, spielte mit ihnen, und Grey Owl konnte die Jungen berühren, so daß sie sich an seine Gegenwart gewöhnten. Nach einem Monat waren sie zahm und folgten ihm überall.

Kameraleute kamen und drehten Filme vom Leben der Biberfamilie. Jelly Roll spielte ihre Rolle als Heldin und Mutter hervorragend. Aber der Platz, an dem Grey Owl und Anahareo mit den Bibern lebten, war auf die Dauer nicht geeignet; der See fing an, auszutrocknen, und die Biber litten darunter. Grey Owl wandte sich an Campbell, ein neuer Platz wurde gesucht und im Prinz-Albert-Nationalpark, siebenhundert Kilometer westlich von Winnipeg, in Saskatchewan, gefunden. Grey Owl flog im September hin, um verschiedene Plätze in der unberührten Wildnis anzusehen, und entdeckte mit Hilfe von Major Wood, dem Leiter der Parkverwaltung, den Ort, den er brauchte. Der in tiefer Stille ruhende Ajawaan-See lag fern von jeder Straße und Siedlung und war nur im Boot zu erreichen. Eine Hütte wurde nach Grey Owls Anweisungen gebaut. Da es schon spät im Jahr war und die Biber ihr Haus für den Winter nicht mehr bauen konnten, wurde der Fußboden der Hütte an einer Stelle geöffnet und unter der Hütte ein Tunnel gegraben, der in den See führte. Dann telegraphierte er Anahareo, die ihren alten Vater in Ontario besucht hatte, und als sie zurückkam, traten sie die lange Reise mit sechs Bibern nach Prince Albert an. Von Prince Albert fuhren sie im Wagen durch die Nisbet Forest Reserve zum Waskesiu-See, um dann im Boot vierzig Kilometer weit an Buchten und Landvorsprüngen vorbei und den Kingsmere-Fluß hinab über Schnellen und *portages* zum kleinen See zu kommen, an dem die Hütte stand.

Am 31. Oktober 1931 kamen sie an, und Beaver Lodge, das Haus der Biber, hieß nun ihr Zuhause. Alle Anstrengungen gehörten der Vergangenheit an; von nun an würde ihr Leben gesichert und geordnet sein. Unbenutzt hingen die alten Schneeschuhe, die Gewehre und der

Revolver an der Wand. Das Jagdmesser schnitt nur noch Brot und Fleisch. In einem Kasten lagen all die Dinge, die an vergangene Jahre erinnerten, und manchmal, wenn Grey Owl sie ansah, wünschte er, die harte Freiheit jener Jahre käme zurück, und er wanderte wieder auf den Pfaden des Trappers.

Aber da waren sie alle, Jelly Roll, Rawhide und die vier anderen Biber, für die er sorgen wollte, solange er konnte. Sie waren ein Teil seines Lebens, und sein Leben war durch sie reicher geworden – sollte er sagen: menschlicher?

Die langen Reisen waren auch für Jelly Roll und Rawhide zu Ende; sie lebten sich sofort und ohne jede Mühe ein. Sie schleppten Schlamm und Zweige in unablässigem Kommen und Gehen durch die offene Tür der Hütte, um darin ein ansehnliches Biberhaus zu bauen. Es sah aus, als sollte es ihre ständige Residenz werden, und Jelly Roll würde hier Junge bekommen.

Der Herbst 1931 sank in den Winter; Stille, Schneefall auch am Ajawaan-See und tiefe Ruhe in Beaver Lodge. Es war alles, wie es in Sunset Lodge und im Haus von McGinnis gewesen war und in der Hütte zu Füßen des Elefantenberges, und es war noch besser, da ihrer beider Leben nicht mehr bedrängt war. Der Frühling kam nach Ajawaan.

Dann konnte er an Jelly Roll Zeichen der Veränderung bemerken. Sie unterbrach manchmal ihre Arbeit am Biberhaus in der Hütte und kam zu ihm, legte ihren Kopf auf seine Knie, um ihn stumm anzusehen und dann einzuschlafen; oder sie kletterte zu ihm in das Kanu und schmiegte sich an ihn, als brauchte sie jetzt mehr Zuneigung und Wärme.

Nachts war in der Hütte ein ständiges Kommen und Gehen, Jelly Roll brachte Tannenzweige herein, und

Rawhide kehrte von geschäftigen Wanderungen mit Gräsern und Zweigen zurück, die in der Hütte aufgespeichert wurden. An einem Abend im Mai hörten Grey Owl und Anahareo plötzlich leise Schreie im Biberhaus, und dazwischen klangen die tieferen Stimmen von Jelly Roll und Rawhide. Sie waren Eltern geworden.

Grey Owl und Anahareo sahen durch eine Öffnung im Bau vier winzige rotbraune Geschöpfe und die Mutter. Anahareo mochte das mit anderen Augen ansehen als Grey Owl; sie erwartete im August ein Kind. Dann kam Rawhide heraus, verschwand im Eingang zum Tunnel, der in den See führte, und Grey Owl sah, wie der glückliche Vater im Wasser herumtobte und dazu laut rief, als wollte er der Welt von Ajawaan sagen, daß er Vater geworden sei. Dann kehrte er zur Familie zurück, blieb bei den Jungen, wenn Jelly Roll nach Futter suchte, und verließ den Bau auch nicht, wenn sie lange ausblieb. Als das Wetter trübe und naß wurde, schloß Rawhide die Öffnung des Biberhauses von innen, und die Biberfamilie war für ein paar Wochen unsichtbar, bis sie Anfang Juni auftauchte. Grey Owl sah Jelly Roll mit drei Jungen spielen. Langsam gewann er ihre Freundschaft.

Im August brachte er Anahareo in das Krankenhaus nach Prince Albert; im September kam sie mit einem kleinen Mädchen zurück, das sie Dawn nannten: Morgenlicht. Jetzt war die Welt von Ajawaan ganz.

Zauberhaft war das Kommen des Tages in Ajawaan, die Stunde, da sich der neue Morgen in vollkommenem Schweigen von der Nacht trennte. Dann saß Grey Owl oft unter einer mächtigen Fichte am Ufer des Sees und sah und hörte den Tag kommen. In dieser Stunde waren die Sinne frischer und schärfer als sonst. Die Ohren nahmen Laute auf, die zu anderen Zeiten unbeachtet vorüberhuschten. Die Augen sahen mehr und sahen tiefer. Das Brechen eines Zweiges, das Auftauchen und Verschwinden eines Schattens: ein Hirsch; der lautlose Flug eines Eichelhähers im halben Licht; alles fast ohne Ton und doch wahrgenommen von dem Lauschenden. Dann fing über ihm ein Weißkehlchen zu singen an; ein anderer Vogel aus dem Wald antwortete, und dann, Stimme zu Stimme, brach das Lied der Vögel hervor.

Das Licht nahm schweigend zu. Es floß aus unsichtbaren Quellen, es begann die Welt zu füllen. Es ruhte auf den Stämmen der Waldhügel, es durchdrang den Nebel über dem See. Eine Schlange glitt durch das Wasser dem Ufer zu. Ein Biber tauchte auf und schlug mit dem breiten Schwanz die Flut, und das Biberjunge, das in der Wärme von Grey Owls Händen geruht hatte, müde von den Ausflügen der Nacht, glitt zur Erde und rannte zum See. Noch immer riefen die Eulen mit einem geisterhaften Ton; sie klammerten sich an die grauen Reste der Nacht.

Ohne sich zu rühren, sah er sich um. Er konnte Beaver Lodge sehen. Eine Bisamratte näherte sich der Tür und nahm ein Stück Apfel weg, das Grey Owl für ein Eichhörnchen als Morgengruß hingelegt hatte. Auf dem See schwamm ein Paar Loons, so nahe, daß er ihre weißen Brüste und die roten Augen sehen konnte. Auf dem Rücken der Mutter saß ein schwarzes Junges und sah ruhig um sich. Der Morgenwind fuhr durch die Bäume, und sie flüsterten. Das Licht wuchs, und vom Licht feurig übergossen, flogen Pelikane von Norden her über den See. Und jetzt schoß ein langer, blendender Blitz über die Waldhügel und riß die Morgenwelt auf. Die Sonne und der Tag waren gekommen.

Stunden wie diese unter dem Baum waren es, in denen er sein Leben wachsen fühlte. Sie enthielten den Schlüssel zu allem. Sie gaben die Freudigkeit, die sich durch den langen Tag in ihm ausbreitete. Jeder Tag war ein Geschenk voll unerwarteter Dinge. Jeder Tag brachte die Welt zu Augen, die bereit waren, zu sehen.

Ein Adler flog über den See, und Grey Owl konnte das Schlagen seiner Flügel hören, und ihm war, als sähe der Adler mit kalten, durchdringenden Augen zu ihm hin. Er hörte ein Rascheln hinter sich, und plötzlich landete ein Eichhörnchen auf seiner Schulter; es war Shapawee, der Springer.

Beaver Lodge war nicht nur sein, Anahareos und ihres Kindes Zuhause; es war das Heim der Biber und ein Versammlungsort und Treffpunkt vieler Tiere. Unter dem Fußboden lebte eine Familie von Bisamratten, und sie kannten ihn und kamen, wenn er rief. Ein Hirsch näherte sich der Hütte und verlor langsam seine Spannung. Er hörte einen Baum stürzen; die Biber waren bei der Arbeit. Er sah einen Biber in die Hütte kommen, der Äste hereinschleppte, um an dem Haus weiterzubauen. Er kannte alle und wußte, was ein Ton, ein Laut, ein Geräusch bedeuteten.

Hier war Frieden; aber er mußte den Frieden dieser Welt schützen, denn es gab Wölfe, Bären, Eulen, Raubvögel. Nachts ging er wie ein Späher, wie ein Wächter des Schlafes aller Kreaturen durch die Dunkelheit des Waldes. Der plötzliche Ausbruch eines Eichelhähers – was bedeutete er? Das Davonjagen eines Hirsches bedeutete etwas. Dann sah er wie einen fahlen Geist einen Wolf, und der peitschende Hall eines Schusses zerriß die Stille. Er war ihr Wächter.

Winter kam nach Ajawaan. Die Biber ruhten in Wärme und Sicherheit, und Wärme war überall in Beaver Lodge. Wenn Grey Owl vom Tisch aufsah, an dem er schrieb, sah er Anahareos Gesicht, reifer nun, doch stolz und schön; und er hörte den Schlaf ihrer kleinen Tochter Dawn.

Er schrieb an einem neuen Buch, in dem er die Geschichte von seinem und ihrem Leben erzählen wollte, von jenem Augenblick an, in dem er Biscotasing verlassen hatte und Anahareo zu ihm gekommen war; eine Geschichte von Versuch und Fehlschlag, von Ausdauer, Niederlage und geheimen Triumphen, von Einsamkeit und menschlicher Wärme, von Wanderungen und der letzten Fahrt, die am Ziel ihrer Wünsche geendet hatte. Er schrieb von Blockhütten, und jede war eine Station auf einem langen Weg gewesen; von McGinty und McGinnis, die als Gäste gekommen, zu Freunden geworden waren, um wie Geister zu verschwinden; von Wärme und Kälte und dem Aufgehen der Tür. »Kleiner Bruder« nannte er sein Buch, »Pilgrims of the Wild«. Wie Pilger, die ihr Ziel kannten, aber den Weg nicht wußten, waren sie gegangen, Schritt für Schritt. Es war ein Buch des Dankes an die Begleiterin, an die Freunde, die Biber, die ihn zu ihrem Pfleger und Schützer gemacht hatten, an David »Weißer Stein«, an den freundlichen Kaufmann in Cabano, an alle und zuletzt vor allem an die Wälder, in denen ihre Pilgerschaft geschehen war.

Winter in Ajawaan; er war allein, Anahareo und Dawn lebten in Prince Albert. Die Biber waren in ihrem Bau, und wenn er rief, konnte er etwas wie eine schläfrige Antwort hören. Die Winternacht umfloß die Hütte am vereisten See; es war die Zeit der Ruhe und der Vorbereitung, die Zeit der Erinnerung an Leben, das gewesen war und nie mehr zurückkehren würde. Aber es war Leben gewesen in Hunger und Fülle. Manchmal hatte er Sehnsucht nach dem Mississauga, nach den Seen in Ontario und Quebec; nach den alten Gefährten und den dunklen

Stimmen der Ojibways. Eines Tages wollte er alles und alle wiedersehen, nur sehen und dann hierher zurückkehren, denn hier war der Ort seiner Pflicht und seiner Liebe. Hier war die Welt noch ganz, es war die Welt, in der allein er leben konnte. Keine Bahn, keine Siedlungen, keine wilden Jäger. Die Bäume wuchsen, die Tiere lebten in Frieden, die Sonne kam und ging über den Wäldern, die den See von Ajawaan umstanden und endlos nach Norden flossen.

»Jeder Wunsch ist erfüllt worden und noch mehr«, so schloß das Buch der Wanderungen, »Kleiner Bruder«. »Vorbei ist's mit der hetzenden Angst vor Räuberhänden. Das Wildleben entfaltet sich ungehemmt und mannigfach. Geschöpfe, die als scheu und unzugänglich verschrien sind, kommen und gehen, wie sie wollen, und beobachten uns und unser Tun. Vögel und alles mögliche Getier, groß und klein, fliegt, schwimmt und läuft um das Lager und lebt, jedes nach seiner Art.

Ab und zu kommt der Tod, wie es sein muß, und macht Platz für neues Leben. Alles zieht seine Straße. Langsam heilen die Narben ehemaliger Feuersbrünste; Bäume wachsen ungestört heran. Und die Biberkolonien bevölkern sich von neuem und nehmen zu.

Der Kreislauf geht weiter.

Die lange Wanderschaft ist zu Ende.«

Das Licht und sein Schatten

Grey Owl war unschlüssig gewesen, ob er ja oder nein sagen sollte. Major Wood, sein großherziger Vorgesetzter und Freund, hatte ihm abgeraten. Aber dann hatte er ja gesagt. Lovat Dickson, der junge englische Verleger von »Kleiner Bruder« und ein Bewunderer seiner Arbeit und seiner Bücher, hatte ihm eine Vortragsreise nach England vorgeschlagen.

Im Winter 1933/34 hatte er das Buch geschrieben; im Januar 1935 war es erschienen, und die amerikanische wie die englische Ausgabe waren ungewöhnliche Erfolge. Dickson konnte ihm berichten, daß in England wöchentlich achthundert Exemplare des Buches verkauft wurden. Die Kritiker priesen es als eine reine und starke Stimme aus der Wildnis, als die Geschichte eines Lebens, das abenteuerlich in jedem Sinne und menschlich war.

Im Frühling 1935 hatte Dickson ihn zu der Vortragsreise angeregt. Es fiel ihm schwer, von Beaver Lodge wegzugehen, und manchmal hatte er Lust, alles wegzuwerfen, die Bücher, die wachsende Korrespondenz, und wieder im Dunkel des Unbekanntseins zu leben. Dreißig Jahre hatte er als ein Niemand gelebt, und er war glücklich gewesen. Aber man konnte nicht zurückgehen.

Dann sagte er ja. Er wollte von der Welt sprechen, die seine Welt war. Er wollte für das Gesetz sprechen, das er gefunden hatte: Toleranz. Im Herbst fuhr er nach England. Anahareo und Dawn blieben in Beaver Lodge zurück; ein junger Indianer sollte für die Biber und für das Haus sorgen. Er verließ die Erde, zu der er gehörte, die ihn lebendig gemacht hatte, und stand im scharfen und kalten Licht der Öffentlichkeit.

Wenn es ihn in den vergangenen Monaten je verlockt haben sollte, im Licht zu stehen und den unerwarteten Erfolg zu genießen, dann wußte er schon in der ersten Stunde nach der Ankunft, daß es falsch gewesen war und daß er das Falsche getan hatte. Noch ehe das Schiff angelegt hatte, kamen die Reporter, und er stand, von ihnen zusammengepreßt, im Salon des Schiffes, um auf unsinnige Fragen zu antworten. Die Fragen zogen ihn aus, er verlor den Atem, alles wurde zerredet, alles, was nicht der Rede wert war, aufgebläht. Dickson traf einen verstörten und abgehetzten Mann.

Wenn Dickson, ein Freund, nicht gewesen wäre, er wäre sich wie ein Mann von einem anderen Stern vorgekommen. Aber mit ihm konnte er reden, ihm konnte er sich anvertrauen. Er wußte ihn im Saal, wenn er zum Vortragspult ging und dann Hunderte von Augen auf sich gerichtet fühlte. Er sprach von seinem Leben und vom Leben der Biber, Indianer, Trapper, von der freien und gefährdeten Wildnis, und er sehnte sich zurück nach Beaver Lodge und allem, was dort war. Wie ging es ihnen? Wie, wenn einer der wilden Trapper, die heimlich auch in die Naturschutzgebiete eindrangen, Jelly Roll und Rawhide fangen und erschlagen würde? Dickson schickte ein Telegramm an Major Wood, und beruhigende Antwort kam. Dort ja – aber hier, war da alles in Ordnung? Was sahen sie in ihm? Eine romantische Figur in Buckskin und Mokassins mit dem gleitenden Schritt eines Indianers auf englischem Pflaster?

Dickson sah, daß Grey Owl müde wurde. Eines Tages im Oktober, ehe Grey Owl einen Vortrag zu halten hatte, fuhr er mit ihm hinaus zu einem Wald in der Nähe von London. Er hatte alles mitgenommen, was sie für einen Tag und eine Nacht im Freien brauchten. Sie lagen an einem Feuer, sie brieten Fleisch, kochten Tee und schliefen in einem Zelt. Dickson wollte ihm für einen Augenblick einen Hauch und Duft des Lebens zurückbringen, und Grey Owl verstand es dankbar.

Die Vortragsreise war ein großer Erfolg, aber er war erschöpft, sein Leben zerbröckelte. Das Scheinwerferlicht durchdrang ihn und beraubte ihn der Identität mit sich selber, die er in den Wäldern besessen hatte. Diese Monate mit Vorträgen und Interviews lösten ihn auf und stellten, bei aller Freude, aller Genugtuung, sein Leben in Frage. Er hatte gewonnen, sicherlich: Er sprach zu Tausenden über das, was ihm am Herzen lag. Aber verlor er nicht viel mehr: sich selber? Er fühlte sich, wie er zu Dickson sagte, vor den Augen der Welt nackt auf einem Felsen stehen. Er konnte den, der er hatte sein wollen und der er geworden war, kaum noch verteidigen. Er hätte nicht kommen sollen.

Als er im Frühjahr nach Kanada zurückkehrte, ging ihm der Ruhm voraus, die Zeitungen hießen ihn willkommen. Es tat ihm wohl, in die Stille von Ajawaan einzutreten, zu spüren, daß hier das Dasein in uraltem Gleichmaß atmete. Aber Dawn war krank, und Anahareo und er bewachten ihren Schlaf und ihr Gesundwerden.

Dann war er allein. Anahareo und das Kind hatten ihn für immer verlassen.

Manchmal wußten zwei Menschen, weshalb sie auseinandergingen. Vielleicht war ihr Zusammensein von Anfang an falsch gewesen, und dem ersten Mißverständnis konnten nur andere Mißverständnisse folgen. Manchmal wurde es dem einen langsam klar, daß er etwas wollte, was ihm der andere nicht geben konnte. Aus einem winzigen Riß von Fremdheit wurde ein Spalt, dann ein Abgrund. Andere, die diese zwei Menschen kannten, mochten darüber urteilen, wie sie wollten; keiner konnte es verstehen.

Sie hatten zusammen gelebt. Anahareo war ein junges Mädchen gewesen, als sie Grey Owl getroffen hatte. Sie war ihm in das Abenteuer gefolgt, das aus Anstrengung, Entbehrung, Freude bestand. Sie hatten alles geteilt. Dann, unerwartet, waren die leichteren Jahre gekommen, die guten meldeten sich an, Jahre der Ruhe und Sicherheit in Beaver Lodge. Anstrengungen binden und formen eine Gefährtenschaft, die Behagen nie bewirken kann. Fürchtete Anahareo die Ruhe von Beaver Lodge? Er hatte seinen Auftrag gefunden. War er es für sie? Die Welt bestand nicht nur aus Beaver Lodge; sie war größer. Wollte sie in das, was ihr als größere Welt erschien, zurückkehren? Sie sprach darüber nicht, auch nicht in ihrem Erinnerungsbuch. Wußte sie mehr von ihm, als sie je sagte? Gleichviel, sie waren einander zu gute Gefährten gewesen, als daß sie nicht beide verstanden hätten, daß eine menschliche Verbindung von Menschen gemacht wird und daß sie enden kann wie alles von Menschen Gemachte. Sie sagten einander Lebewohl, und Grey Owl stand am Ufer des Ajawaan-Sees und sah ihnen nach.

Ein Mann von fünfzig Jahren ist anders allein als ein junger Mensch, für den vieles wiederkommen kann und dem das Leben grenzenlos erscheint. Ein Mann von fünfzig lebt in einem Licht, dessen Schatten schon länger geworden sind. Es fällt ihm schwer, das Wort Glück auszusprechen. Die Arbeit bleibt. Sie ist nicht alles, aber auch sie ist in gewisser Weise eine Gefährtin.

Da war genug Arbeit und genug Leben. Ein neues Buch war erschienen, »Sajo und ihre Biber« (Sajo and her Beaver People). Viele Kritiker sagten, es sei sein schönstes Buch, und über der Geschichte von Chilawee und Chikanee, den beiden Biberjungen, und Sajo, die nach ihrem kleinen Gefährten sucht und ihn endlich in der großen Stadt findet, lag Zauber. Grey Owl hatte es geschrieben, kaum daß er im Winter 1933/34 »Kleiner Bruder« beendet hatte. Dieses Buch für Kinder gewann ihm unzählige Freunde unter den Kindern der Welt, und hier, in Beaver Lodge, gab es noch immer seine alten Freunde Jelly Roll, Rawhide und die anderen Biber. Nichts hatte sich verändert, und wenn er über den See hinrief: »Mahwee! Mah-wee!« kamen sie alle, und er spürte ihre Freundschaft. Der Sommer in Ajawaan hatte nicht weniger Glut, der Herbst flammte wie immer, und mit dem Winter kam die Stille der Wälder.

Wenn man allein ist, sieht man die Dinge in ihrer Tiefe; man lebt intensiver. Beaver Lodge bedeutete ihm mehr denn jemals; es war die Mitte einer ganzen und vollen Welt. Die Eichelhäher riefen gellend, wenn er die Hütte verließ, als wollten sie den Wald benachrichtigen, daß er käme. Eine Wildtaube hatte ihr Nest unter dem Dach. Die Eichhörnchen waren geschäftige Freunde.

In der Wärme seiner Hütte sitzend, erinnerte er sich an die vergangenen Jahre. Die Welt hatte sich verändert. Vielleicht änderte sie sich nur an der Oberfläche, und sie blieb immer die gleiche. Vielleicht änderte man sich selber nicht, oder man kehrte, wenn man älter wurde, zu den Gedanken der Jugend zurück, in denen der Keim des Lebens lag. Er hatte Sehnsucht nach dem Leben, wie es gewesen war und wie es nie mehr sein konnte. Im Grunde war er immer ein Nomade, ein Wanderer gewesen.

Wenn er im Sausen eines Blizzards am vereisten See von Ajawaan stand und die Stimme des Nordwestwindes hörte, wehrte er sich gegen die Gefangenschaft, die er sich, seinen Bibern zuliebe, auferlegt hatte. Er sehnte sich nach den alten Orten, den vertrauten Pfaden, den Lagerplätzen und Blockhütten, in denen er gelebt hatte. Vielleicht standen sie nicht mehr. Doch in ihm würden sie nie verfallen.

Winter in Ajawaan; und der einsame Mann in Beaver Lodge schrieb. Noch einmal erzählte er Geschichten, wie er sie einst Anahareo erzählt hatte, wenn sie vor der offenen Tür des Ofens im Hause am Birkensee gesessen hatten. Wenn er des Schreibens gewahr wurde und seine Hand mit der Feder über das Papier gleiten sah, war es ihm, als sei die Feder nicht mit Tinte gefüllt, sondern mit dem verlorenen Ton des Nachtwindes in den Wäldern, mit dem Flüstern und Rinnen sonniger Bäche, mit dem Donnern von Stromschnellen, dem Gespräch des Lagerfeuers, und in alledem war ein Raunen vergessener Stimmen aus indianischen Zeiten, als die roten Brüder noch in Freiheit lebten.

»Das einsame Blockhaus« (Tales of an Empty Cabin) hieß das Buch, an dem Grey Owl schrieb. Noch einmal rief er Jagdtage und Lagernächte zurück. Er zeichnete die Bildnisse der alten Freunde: Red Landreville, Augustus, Jimmy L'Espagnol, Billy Mitchell, der immer lachte, und dann Pierre Jean Joseph Champoux, den sie Shampoo nannten. Er machte den besten Whisky, und dann kam er auf den Gedanken, die Wälder zu verlassen und in den Alkoholschmuggel zu gehen. Er wurde bald sein eigener bester Kunde, und so viel wiederum, wie da war, konnte er selber nicht trunken; er ging wieder in die Wälder zurück.

»Der verlorene Haufe« hieß eines der Kapitel des Buches. Es war ein Requiem für die Männer, die seine Freunde gewesen waren, ein Requiem für den Missis-

Beaver Lodge am See von Ajawaan

sauga, für die Morgen und Tage voller Anstrengung und Freude, für alle, die er gekannt, für alles, was er erfahren hatte, ein Gesang für den mächtigen alten Baum, der Zeiten überdauert hatte, um unter den Schlägen einer Axt zu fallen. Das Buch war Erinnerung und Beschwörung, und als er schrieb, erschienen die Biber, die Hirsche, die Elche, die Bisamratten. Sie alle waren es gewesen, die ihn dazu gebracht hatten, das Gesetz der Toleranz als das menschliche Gesetz der Welt zu erkennen.

Der Frühling kam zum See von Ajawaan, der Wind streifte den Winter von den Zweigen. Die Wildgänse zogen von Süden her über den erwachenden Wäldern dahin, und ihre Rufe fielen zu dem Lauschenden herab. Die Biber kamen hervor, und er sah auf sie wie auf ein wachsendes Volk, dessen Freund, Berater, Schützer er war, und sie lohnten es ihm. Ein anderer mochte das, was sie ihm gaben, nicht als Belohnung ansehen; doch ihm war es genug. Jetzt gab es schon vier Generationen von Bibern am See. Das Leben starb nicht, es erhob sich immer wieder und sang sein Triumphlied, noch mit den schrillen und tiefen Stimmen von Bibern an einem entlegenen See.

Die Sonne sinkt auch in Ajawaan

Grey Owl sah sie wieder, die seine Gefährten gewesen waren. Im nächsten Sommer fuhr er in das Gebiet von Biscotasing, um auf eigene Kosten und durch seine kanadischen und englischen Verleger unterstützt, einen Film zu drehen. Er steckte in das Unternehmen alles, was er durch seine Bücher verdient hatte.

Er sah die alten Plätze wieder, Biscotasing, Temigami, Timiskaming. Der Mississauga floß noch immer zwischen den Felsen. Die Wälder lagen in tiefer Stille. Noch immer duftete das Feuer, an dem man unter dem großen Nachthimmel lag, nach Ferne und Wildnis. Aber die Jahre hatten Veränderungen gebracht. Neue Bahnlinien führten durch die Wälder. Die Siedlungen wuchsen, und eine glich der anderen. Die Touristenhotels waren voller Gäste. Fremde Gesichter, fremde Stimmen. Die alten Freunde waren älter geworden wie er, aber manche waren noch da, sie kannten ihn noch, und für sie war er nicht der erfolgreiche Mann, der über den Atlantik gefahren war; er war Archie für sie, der in ihren Zeiten einer der besten Waldläufer gewesen war, Archie, auf den man sich verlassen konnte, der mit ihnen gesungen und getrunken hatte; Archie, der mit ihnen eine Wette eingegangen war, daß er mit einem Gewehr, gegen alle Verbote, den Algonquin-Park durchqueren würde und der dann zuletzt erschöpft von den verfolgenden Förstern aufgelesen worden war.

Er wußte, weshalb er gekommen war. Man kehrt irgendwann zu seiner Jugend zurück und sieht sie mit einem Abschiedsblick an.

Im Herbst ging er nach Beaver Lodge zurück. Er war nicht mehr allein, bei ihm war Yvonne Perrier, eine junge

Französisch-Kanadierin, ein Halbblut; ihr indianischer Name war »Silbermond«. Anahareo kam nicht mehr zurück, wie nichts in der Welt zurückkam; aber es war gut, nicht allein zu sein. Als er im Herbst 1937 zu einer zweiten Vortragsreise nach England fuhr, begleitete sie ihn. Schlagzeilen, Empfänge, Reporter, das war alles wie beim erstenmal. Der Erfolg war noch größer. Lovat Dickson war ihm ein treuer Freund. Im Frühjahr 1938 kehrte er zurück, um in den Vereinigten Staaten zu sprechen. Er stand im Licht und war erschöpft. Zuletzt sprach er zu dem Volk, zu dem er gehörte, weil er zu seiner Erde, seinen Wäldern und Flüssen, zur großen Wildnis von Kanada gehörte. Vor dreißig Jahren war er nach Kanada gekommen, ein junger Mensch mit einem Traum, frei zu leben. Er hatte das Leben, das er suchte, gefunden.

Auf dem Weg nach Beaver Lodge wurde Yvonne Perrier krank, und Grey Owl brachte sie ins Krankenhaus nach Regina und blieb bei ihr, bis sie anfing, gesund zu werden. Dann fuhr er weiter nach Prince Albert. Major Wood fand ihn erschöpft und müde.

Am 7. April brachte ihn ein Wagen bis zu einer Stelle, von der es nicht mehr weit bis nach Beaver Lodge war. In der Hütte war ein junger Mann, der von der Parkverwaltung beauftragt worden war, während Grey Owls Abwesenheit nach dem Rechten zu sehen. Major Wood hatte Grey Owl gebeten, ihn wenigstens für die nächsten Wochen in Beaver Lodge zu lassen, bis Grey Owl ausgeruht war. Als er Grey Owl bat, auf ein paar Tage nach Prince Albert gehen zu dürfen, ließ Grey Owl ihn gehen.

Am Sonntag, dem 9. April, wurde der Förster am Waskesiu-See von Grey Owl angerufen, er möchte doch kommen, er sei krank. Der Förster ging durch die Wälder und über das Eis des Ajawaan-Sees und fand in Beaver Lodge den kranken und fiebernden Grey Owl und bei ihm den Förster vom Kingsmere-See, den Major Wood beauftragt hatte, ab und zu nach Grey Owl zu sehen. Sie brachten ihn in einem Schlitten über den See und nach Prince Albert ins Krankenhaus. Major Wood besuchte ihn einige Male und fand ihn schwach, aber bei guter Laune. Schließlich war eine Lungenentzündung nichts Ungewöhnliches, und er hatte andere Dinge hinter sich gebracht.

Am Morgen des 13. April 1938 gegen drei Uhr nachts wurde Major Wood vom Krankenhaus angerufen, er möchte sofort kommen, Grey Owl gehe es schlechter, und es sei wenig Hoffnung, daß er den Tag überlebe. Morgens gegen acht Uhr starb Grey Owl.

Einige Monate nach seinem Tod fuhr Anahareo nach Beaver Lodge. Sie hatte Grey Owl noch einmal getroffen, als er von seiner zweiten Reise nach England zurückgekommen war, und sie hatten miteinander gesprochen, um dann wie Freunde voneinander Abschied zu nehmen.

Am See von Ajawaan war alles, wie es immer gewesen war. Aber Anahareo kam der Ort leer und verlassen vor. Ein anderer Mann setzte Grey Owls Arbeit fort; es war ein guter Mann, aber er war nicht Grey Owl, und von Beaver Lodge war etwas fortgegangen, was nie mehr zurückkommen konnte. Rawhide war von einem wilden Trapper gefangen und erschlagen worden, und Jelly Roll war nun eine alte, einsame Königin ihres Bibervolkes.

Der See von Ajawaan schimmerte im Licht des Abends. Ein leichter Wind wehte über die Fläche, und das Bild der Wälder fing an zu zittern. Überall war tiefe Stille.

Bibliographie

Englische Ausgaben von Grey Owls Büchern:

The Men of the Last Frontier. – 1931. The Macmillan Company of Canada Ltd., Toronto

Pilgrims of the Wild. – 1935. Peter Davies, London; Scribners, New York; Macmillan, Toronto

Sajo and Her Beaver People. – 1935. Peter Davies, London; Macmillan, Toronto; Scribners, New York

Tales of an Empty Cabin. – 1935. Peter Davies, London; Macmillan, Toronto

A Book of Grey Owl. Pages from the Writings of Wa-sha-quonasin. Edited by E. E. Reynolds, With preface by Lovat Dickson. – 1938. Peter Davies, London

Deutsche Übersetzungen der Bücher von Grey Owl:

Männer der letzten Grenze. – 1954. Franckhsche Verlagshandlung, Stuttgart. Heute lieferbar unter dem Titel: *Ihre Mokassins hinterließen keine Spuren,* Lamuv Taschenbuch 111, Göttingen 1992

Kleiner Bruder. – 1955. Franckhsche Verlagshandlung, Stuttgart. Lieferbar als Lamuv Taschenbuch 141, Göttingen 1993

Sajo und ihre Biber. – 1958. Franckhsche Verlagshandlung, Stuttgart. Lieferbar als dtv-junior-Taschenbuch 7080, München 1993

Das einsame Blockhaus. – 1952. Franckhsche Verlagshandlung, Stuttgart. Lieferbar unter dem Titel *Im Land der Nordwinde* als Lamuv Taschenbuch 77, Göttingen 1990

Über Grey Owl:

Lovat Dickson: Halb-Breed. The Story of Grey Owl. – 1939. Peter Davies, London

Lovat Dickson: The Green Leaf. A Tribute of Grey Owl. Edited and arranged by L. D. – 1938. Lovat Dickson Limited, London

Harper Cory: Grey Owl and the Beaver. – 1935. Thomas Nelson and Sons Limited, London

Harper Cory: Grey Owl. An Appreciation. – 1938. Animal Pictorial Ltd., London

Trent Frayne: Grey Owl, the magnificent fraud. – 1951. Maclean's Magazine (August 1, 1951)

Anahareo: My life with Grey Owl. – 1940. Peter Davies, London

Quellen- und Abbildungsnachweis

Folgenden Verlagen sei für die Erlaubnis gedankt, Stellen aus Büchern zu zitieren:

der Franckhschen Verlagshandlung, Stuttgart, für Zitate aus den in diesem Verlag erschienenen deutschen Übersetzungen der Bücher von Grey Owl: »Das einsame Blockhaus« und »Kleiner Bruder« (siehe Bibliographie);

dem Verlag Lovat Dickson für Zitate aus »The Green Leaf« (siehe Bibliographie);

dem Verlag Peter Davies, London, für Zitate aus Anahareo: »My Life with Grey Owl« (siehe Bibliographie).

Die Fotos wurden mit freundlicher Erlaubnis des Canadian Government Travel Bureau, Ottawa/Kanada veröffentlicht.

Über den Autor

Walter Bauer wurde am 4. November 1904 als Sohn eines Arbeiters in Merseburg an der Saale geboren. Nach dem Besuch der Volksschule und Absolvierung des Lehrerseminars war er einige Jahre als Volksschullehrer in ostdeutschen Dörfern und Industrieorten tätig. Bei Kriegsende ließ er sich als freier Schriftsteller in der Nähe von München nieder, von wo er später nach Stuttgart übersiedelte. Im Herbst 1952 verließ er Deutschland und ging nach Kanada. Dort schlug er sich zunächst als Packer und Hilfsarbeiter durch und studierte dann an der Universität Toronto moderne Sprachen und Literatur. Er erwarb zwei akademische Grade und war Lehrer für deutsche Sprache am College der Universität Toronto.

Walter Bauer trat schon früh mit eigenen Arbeiten hervor. Sein erster Gedichtband erschien im Jahre 1928, zwei

Jahre darauf ließ er seinen ersten Roman mit dem Titel »Ein Mann zog in die Stadt« folgen. Es erschienen in rascher Folge lyrische, epische und dramatische Werke, wobei der Schriftsteller vor allem mit der Veröffentlichung seiner während des Zweiten Weltkriegs geschriebenen Tagebücher Aufsehen erregte. Ein großer Erfolg wurde auch sein im Jahre 1950 veröffentlichter Roman »Besser zu zweit als allein«. Für seine Nansen-Biographie »Die langen Reisen« erhielt Walter Bauer, der Mitglied des westdeutschen PEN-Zentrums und der Deutschen Akademie für Sprache und Dichtung war, den Albert-Schweitzer-Buchpreis.

Walter Bauer starb am 22. Dezember 1976 in Toronto.

Werke

Romane, Erzählungen, Biographien:

Ein Mann zog in die Stadt, 1930; Das Herz der Erde, 33; Der Lichtstrahl, 37; Die zweite Mutter, 44; Besser zu zweit als allein, 50; Die Sonne von Arles, 51; Folge dem Pfeil, 56; Die langen Reisen, 56; Die Tränen eines Mannes, 58; Der weiße Indianer – Wäscha-Kwonnesin, 60; Die Stimme, 61; Fremd in Toronto, 63; Ein Jahr, 67.

Lyrik:

Kameraden, zu euch spreche ich, 28: Die Stimme aus dem Leunawerk, 30; Gast auf Erden, 43; Mein blaues Oktoberheft, 54; Nachtwachen des Tellerwäschers, 57; Klopfzeichen, 63; Fragment vom Hahnenschrei, 66; Lebenslauf 1929–74, 76.

Sammelausgabe:

Der Weg zählt, nicht die Herberge. Prosa und Verse 1928–64, 64.

Indianer-Literatur

Wäscha-kwonnesin: Im Land der Nordwinde
Lamuv Taschenbuch 77. 12,80 DM

»Die Erlebnisse des Waldläufers ›Grau-Eule‹ bei seinen ausge-
dehnten Streifzügen durch die kanadische Wildnis sprechen,
obwohl aus den dreißiger Jahren stammend, den Leser immer
noch unmittelbar an. Das Bewußtsein, einer untergehenden
Welt anzugehören, in der die unberührte Natur und die in ihr
lebenden Menschen von der vordringenden Zivilisation
bedroht sind, verleihen ihnen dabei einen Hauch von Melan-
cholie. Seine deutlichen Worte gegen die Naturzerstörung sind
erneut aktuell.« (Reinhild Khan in: ekz-Informationsdienst)

Wäscha-kwonnesin:
Ihre Mokassins hinterließen keine Spuren – Grau-Eule erzählt
Lamuv Taschenbuch 111. 14,80 DM

Die Wildnis, die Lebenswelt der Indianer und Trapper wurde
zerstört. »Bescheiden wich der rote Mann zurück, verkroch sich
dorthin, wo die verzauberten Lichtungen noch nicht mit Baumstümpfen übersät waren, wo das flüsternde Echo noch nicht
vom Krachen niederstürzender Bäume und anderen unziemli-
chen Geräuschen geweckt wurde... Und mit der Wildnis
schwand alles, was Leben hatte...«

Wäscha-kwonnesin: Kleiner Bruder – Grau-Eule erzählt von
Indianern, Bibern und Kanufahrten
Lamuv Taschenbuch 141. 17,80 DM

Wäscha-kwonnesin verläßt mit seiner Frau Anaharoe die Heimat, flieht vor »Feuer, wandernden Trapperhorden und unehr-
lichen Pelzhändlern«. Der einzige Reichtum, der ihnen bleibt:
eine Lagerausstattung und zwei kleine Tiere. Als Ausgesto-
ßene im eigenen Land wandern sie in eine Gegend aus, die
ihnen völlig fremd ist. Einzig die beiden mitgenommenen
Biber, die »kleinen Brüder«, verkörpern ein Stück der verlorenen Heimat.

Bücher aus dem Lamuv Verlag

James BraveWolf:
Von nun an bin ich Kriegerin – Eine indianische Erzählung
Lamuv Taschenbuch 120. 17,80 DM

Tecumseh, Sitting Bull, Geronimo – große Häuptlinge, deren
Leben und Taten inzwischen viele kennen. Doch wer ist Lozen
vom Stamme der Chihinne (bei uns besser bekannt als Apachen)? Ein zwölfjähriges Mädchen, das sich heimlich auf eine
gefährliche Reise begibt, um ihr Volk vor dem drohenden
Untergang zu retten.
»Eine eindringliche Geschichte, überzeugend erzählt.« (Diet-
mar Kuegler in: Zeitschrift für Amerikanistik)

Elmar Engel: Blackfoot, Cree, Mohawks ... –
Zur Geschichte der Indianer im Norden Amerikas
Lamuv Taschenbuch 140. 19,80 DM

»Diese Geschichte der Indianer in Kanada, die bislang im Ge-
gensatz zu den in den USA lebenden Ureinwohnern nur wenig
Aufmerksamkeit erfuhren, liest sich anschaulich und span-
nend. Von der Besiedlung Nordamerikas über die ersten euro-
päischen Kontakte, dann die Indianerkriege, bis hinein ins
20. Jahrhundert wird der Bogen gespannt ... Ein empfehlens-
wertes populäres Sachbuch.« (Reinhild Khan im ekz-Informationsdienst)

Elmar Engel: Geronimo und die Apachen
Lamuv Taschenbuch 161. 19,80 DM

Mexikaner wie US-Amerikaner versuchen im 19. Jahrhundert,
die Indianer im Südwesten Nordamerikas niederzuwerfen und
in Reservate zu pferchen. Die Apachen graben das Kriegsbeil
aus, leisten erbitterten Widerstand. Ihr Häuptling Geronimo
wird jahrzehntelang von den Weißen gejagt, verliert Frau und
Kinder, schwört Rache, bringt den Weißen manche Niederlage
bei ... Er, der am Ende doch die Waffen strecken mußte, ist zu
einer sagenumwobenen Gestalt geworden, dessen Lebensge-
schichte mehrfach verfilmt wurde.